以自己喜欢的方式拥抱你

黄静芬 著

文汇出版社

图书在版编目(CIP)数据

以自己喜欢的方式拥抱你 / 黄静芬著. —上海：
文汇出版社, 2016.7
 ISBN 978-7-5496-1788-3

Ⅰ. ①以… Ⅱ. ①黄… Ⅲ. ①散文集 – 中国 – 当代
Ⅳ. ① I267

中国版本图书馆 CIP 数据核字 (2016) 第 145205 号

以自己喜欢的方式拥抱你

著　　者 / 黄静芬
责任编辑 / 戴铮
装帧设计 / 天之赋设计室

出版发行 / 文匯出版社
　　　　　　上海市威海路 755 号
　　　　　　（邮政编码：200041）

经　　销 / 全国新华书店
印　　制 / 北京毅峰迅捷印刷有限公司　010-89581657
版　　次 / 2016 年 8 月第 1 版
印　　次 / 2016 年 8 月第 1 次印刷
开　　本 / 710×1000　1/16
字　　数 / 165 千字
印　　张 / 15

书　　号 / ISBN 978-7-5496-1788-3
定　　价 / 32.00 元

以自己为岛屿

接连传来的噩耗,让人黯然神伤。

尽管早明白,每个人都会走向生命的终结。但正当风华正茂之时,突然被明白无误地指出归途,然后,又日益明显地感到自己的躯体渐渐无力,心力渐渐脆弱,意识到日子一天天变少。这种感受和体验是怎样的绝望!

我能够送出的安慰和祝福是如此无力,无力到没有一丝重量。甚至,我觉得,说出的一些话都是多余。

沉默在此刻不是金。能说什么?能做什么?最痛的是,什么也不能说,什么也无法做。

一次又一次说要爱自己。可是,怎样爱自己?

与几位女友,在五星级酒店,品咖啡,吃美食,聊金钱的重要性。大家嘻嘻笑,互相提醒:要有理财观念,要赚钱,要为未来准备,要享受现在。

有人说,梦想40岁退休,过自在的日子,写喜欢的文字。

有人说,梦想有人可依靠,承欢一个男人就好,不需要逢迎所有工作场合的男人和女人。

有人说，该去买房子做投资，当收租婆，每月点银子进账，那感觉一定美妙。

这些，仿佛痴人说梦。这些，大部分属于梦想照不进现实。只是存在于女人心底，拿来胡言乱语而已。

现实是，各人的日子，各自去面对，谁也帮不了谁，谁也救赎不了谁。

但，好好活一定是真理。

每个人的心里，都有一片阴暗，只有自己点亮灯，才能驱散。每个人的心里，都有一道坎儿，只有自己抬脚，才能迈过。

佛说，是日已过，命亦随减，如少水鱼，斯有何乐？当勤精进，如救头燃，但念无常，慎勿放逸。

因此，以警醒心，安住当下，应是该秉持的光明心境。

佛又说，以自己为岛屿，为舟航，为明灯。

因此，我相信，活在纷繁人世，无论谋生还是谋爱，无论喜乐还是悲惨，"以自己为岛屿"这句话，一定是人世的永恒力量。

黄静芬

2016年5月5日于厦门

目 录 Contents

第一辑　快乐地爱

爱情还是实用的好 / 002

甜蜜蜜 / 005

败　絮 / 008

玫瑰玫瑰我爱你 / 011

快乐地爱 / 013

朝朝暮暮 / 016

美丽与实用 / 018

那年初相识 / 021

多多益善 / 023

快乐一个人 / 026

仅仅有钱仍不够 / 028

悔不当初 / 031

永恒不变 / 033

他对你的好 / 036

美丽的爱情总在从前 / 038

好男人 / 043

公交车上的"爱情" / 045

完美是握不在手里的 / 048

久别重逢 / 051

优雅转身 / 054

第二辑 执子之手

谁可相惜 / 058

谁可相守 / 060

谁可相依 / 063

谁可相倚 / 065

执子之手 / 068

相互取暖 / 070

爱上浪子 / 073

健康的底子 / 075

你至少可以不忍受 / 078

内心强大 / 081

痴情故事 / 084

谁也不是谁的救赎 / 088

潇洒放手 / 091

恶作剧 / 094

三个故事 / 096

一片伤心画不成 / 099

真实就像一盏茶 / 101

婚姻如瓷 / 103

爱的技巧 / 106

自己赚钱买花戴 / 108

男人若花心，女人请绝情 / 111

第三辑　如菊女人

美　女　/ 115

女人的香奈尔与作家的杜拉斯　/ 117

清凉的光　/ 120

错误观念比没有观念更可怕　/ 122

不可问　/ 125

水　仙　/ 128

瘦些，再瘦些　/ 130

阳光和阴雨　/ 133

有点坏的女人　/ 135

为自己的美丽负责　/ 138

做个美丽优雅的妇女　/ 140

美人绝色却非尤物　/ 143

如菊女人　/ 146

智慧并且快乐　/ 149

简单的快乐　/ 151

大快朵颐　/ 154

阳光灿烂　/ 156

情怀浪漫　/ 158

顽强的草　/ 161

优秀老女人　/ 164

一个人的 10 年　/ 166

第四辑　喜欢自己

做一朵欢喜的花 / 171

青丝变白头 / 173

一个人的内心安稳 / 176

心如蓬门为君开 / 178

喜欢自己 / 181

花朵的欢愉 / 184

披肩风情 / 187

银　饰 / 190

日子是闲静安稳好 / 193

生　日 / 196

把时间过掉 / 199

侠的世界 / 202

快乐足球 / 204

无皮也过年 / 207

旧信重读 / 209

你装饰了我的梦 / 212

洗手做羹汤 / 215

糖可以吃吗 / 217

14 岁的筑梦居 / 220

忽忽心未稳 / 223

不能回头 / 226

没伤害就是有福 / 228

第一辑

快乐地爱

爱错了,也没多大关系,只当消耗时间和精力。爱来,受之;情尽,无痕。现代女子,该具有这样简单决绝的坚硬心意。

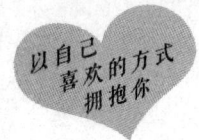

爱情还是实用的好

爱情,还是有付出有收获的好,还是实用的好,还是搁在伸手能够触及的地方好。

暖阳正好,从窗口流进来,铺在木地板上,光影斑驳。

窗旁的树也长得好。滴水观音阔叶浅碧。万年青长叶深绿,郁郁葱葱,生机盎然,在青花瓷盆里安静地站立。

我也很好。只是,思绪和心情,如东奔西突的流水,没有固定方向。是不是因为,读了《山楂树之恋》这本书?

用两个中午的时间,窝在被中,两次都读到落泪——让人落泪的书并不一定是能够传世的好书,有时,书中某个情节,唤醒某个记忆,某个记忆便潮水一样涌上心头,不由分说将你淹没。

被淹没的你,心里的触动,犹如台风,一阵比一阵强烈。

这本书,从文学意义上评价,我认为不是伟大、杰出的小说。但这本书,讲述了一个好故事。这平铺直叙的故事,让我想到童年生活场景的种种:

一斤肉票可以买两斤猪头肉;

对一双高筒雨鞋的巴巴渴望;

"学工学农"的学生生活；

"爱情"两个字不能说，一说就是羞……

至于书中的纯美爱情，感动我的成分有多少呢？

历来，我是不相信存在永恒爱情的。爱情犹如阳光，伸出手，只能温暖我们的掌心于白日的时间，而夜晚来临，每每都是一个人独自抵抗寒凉的入侵。

书中的老三，是如此完美的情圣：高大、帅气、多金、温柔、体贴、见多识广、有教养、有文化。更致命的魅力是：执着专一，只求付出，不求回报……

这样一个男人，苍茫天地之间，存在吗？

如此完美，完美必然止于死亡，不能成真，只能成幻——

盛年的老三，患了白血病，撒手人寰时，不瞑目、不甘愿，眼眶里滚出的最后一滴滚烫血泪，像红艳艳的山楂树花，灿烂如火地停留在"静秋"的记忆里，隔30年漫长时光，不萎不凋。

《山楂树之恋》讲的是一个特定年代的爱情故事：20世纪70年代，高中生静秋认识了高干子弟老三。彼时，静秋是纯真而蒙昧的少女，老三是多金且识广的勘探队员——一个美丽，一个英俊，两人之间，没有性的爱从滋生到老三离世止，浪漫、煽情，宛若童话。

故事发生的背景，是个特殊的年代，没有经历过那个年代的人，一定无法深刻理解那个年代人的所思所想——所以，我将这本书推荐给我的同龄人以及比我年龄大的朋友读，而不推荐给年龄比我小的朋友读。

读完，掩卷，我长叹一口气。

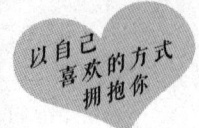

这样的爱情，网络上有人誉之为"史上最干净的爱情"。

关于"干净"两字，如果指静秋和老三之间没有性爱，属于白茫茫大地真干净，我认为是曲解——有了性就不干净吗？

"性是洪水猛兽"是属于那个特殊年代的扭曲思想——我愿意相信，"干净"两字，指的是老三的真诚。他的默默付出，没有功利心，不求得到，不抱占有欲。

前几天，在一个读书沙龙上讨论这本书。沙龙上，有人开玩笑地做调查：据说，女人都想嫁老三，男人都想娶静秋，是不是？

调查结果表明，女人认为如此完美的老三不可能存在于现实生活中，男人认为如此能干的静秋太功利，精于计算，娶回家不讨好。

这个微型调查结果，让我欢喜——从特殊年代到如今，几十年时光过去，中国人的自我意识、爱情意识、性意识，已经觉醒，并正常发展着。

如果，再做一个调查：谁愿意回到那时的生活中，就给谁一份一模一样的"山楂树之恋"。我想，以现在我的生活，要一份那个时代的那样的爱情，即使能够赚取海洋一样多的眼泪，即使老三能够满足我对于男人的全部期望，我也是不要的。

爱情，还是有付出有收获的好，还是实用的好，还是搁在伸手能够触及的地方好——犹如冬夜，一件穿在身上的粗布棉袄，其御寒作用，抵过商场橱窗里可望不可即的锦袍。

可是，如此明确所需，仍不能剔除男人女人心中对完美爱情的幻想。《山楂树之恋》何处感动男人，感动怎样的男人，我不知道，《山楂树之恋》感动我，原因之一，在于老三的形象塑造，满足了我对男人的全部幻想。

只是，于今人而言，存幻想没错，将幻想当现实，就错了。

幻想是幻想，现实是现实。

读书的乐趣，在于能够在幻想和现实之间自如穿梭，于他人的精彩故事里，体会自己的寡淡人生。

搁了书，阳光消逝，黄昏照进现实。

我的现实是：该煮饭了。

甜蜜蜜

这刻，松开你的手，看你消失在街头，然后，等到天长地久，等到岁月苍老，红颜褪色，最后的结局一定是：再也牵不到你的手。

早七点，泡一壶茶，半卧半坐床上，拥着被，打开电视，看《甜蜜蜜》。电影里，黎小军奋力蹬一辆破旧自行车，李翘坐在自行车后座上，晃着腿，小声哼唱《甜蜜蜜》……

大年夜，一宿激情。清晨，黎小军语无伦次地打电话给远在无锡的爱人。然后，在麦当劳见到了李翘，互相祝愿。李翘说，友谊万岁……

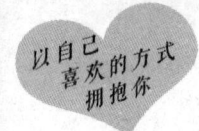

喧闹街头，李翘一脸茫然："黎小军同志，我来香港的目的不是为了你，你来香港的目的也不是为了我……"

逃亡中，豹哥捧着李翘的脸说："傻妹，回去洗个热水澡，好好睡上一觉。等明天起来，满街都是男人。"

马达声响，雨下着，船开了。黎小军撑伞的孤独背影……

护照过期，李翘被警察遣送。途中，听见自行车的清脆铃声，看见那个熟悉身影，跳下车，奋力追赶。最终，在茫茫人海中，两人擦肩而过……

在邓丽君《甜蜜蜜》的歌声中，李翘和黎小军相遇，两人转过脸，彼此对视。恍若隔世的惊愕表情里，李翘展颜一笑……

一个多小时里，我几次落泪。

其实，《甜蜜蜜》讲述的不过是一个简单故事：

一对再普通不过的男女，因寂寞，不知不觉走在一起。

初时，你不是我的理想，我不是你的生活。但蚀骨的寂寞，冷得让人一件一件加衣，也抵不住风雨侵袭，只有点燃青春的激情，才能获得片刻温暖。

然后，一次次离别。每一次，不动声色，让人心酸而震撼。这样，一份情缘，牵牵扯扯，兜兜转转，长达10年之久……

这个简单故事，因张曼玉和黎明的出色表演，因邓丽君的歌声贯穿始终，便有了强烈的唯美、伤感。

一直以来，我极喜欢邓丽君，极喜欢张曼玉。这两个女人，在风情万种的女人味里，透着骨子里的落寞、优雅。她们的愁眉和笑颜，她们的歌声和表演，完美地结合在一个分分合合的爱情故事中，怎能让人不动容呢?

尽管,我根本不相信,茫茫人世,消失的人能够重遇,消失的事能够重现。但电影就是电影,以美好愿望,达美好结局,让观众在光影交织中,在泪水悄悄流下时,得到一点小小的慰藉。

因这点小小慰藉,看电影的人,能够触摸到一丝温暖。无论这温暖多么虚幻、多么不真实。

那么,真实的情缘是什么?

想起元好问《摸鱼儿·问莲根有丝多少》上半阕:"问莲根、有丝多少,莲心知为谁苦?双花脉脉娇相向,只是旧家儿女。天已许。甚不教、白头生死鸳鸯浦?夕阳无语。算谢客烟中,湘妃江上,未是断肠处。"

还有,元好问《摸鱼儿·雁丘词》上半阕:"问世间,情为何物?直教生死相许。天南地北双飞客,老翅几回寒暑。欢乐趣,离别苦,就中更有痴儿女。君应有语,渺万里层云,千山暮雪,只影向谁去?"

这词,穿越无尽昼夜,最终的落幕仍是:一个人孤独地、缓慢地行走,没人陪伴。

所以,我相信,红尘里,爱与不爱,相遇与不相遇,都有定数。这刻,松开你的手,看你消失在街头,然后,等到天长地久,等到岁月苍老,红颜褪色,最后的结局一定是:再也牵不到你的手。

一晌贪欢。梦醒时分,伸出的手,在风中,一定没有另一只手,缓缓地,温暖相握。

如此,只能,以记忆,取暖。

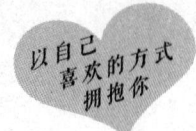

败 絮

钟情的那人的内在精神、性格气质，则犹如一件锦服的裁剪合意、针脚细密、做工精良、内衬舒适。

可是，许多女人衣柜里永远少一件最心仪的锦服。

收工回家，已是晚上八点多，打开冰箱找出一些食物，准备草草安慰饥饿的肚腹。顺手，打开电视。

一家电视台正在播《好想好想谈恋爱》第13集。

屏幕上，一场婚礼热闹地开场了。

当过无数次伴娘的"陶春"心怀"为什么她们都嫁出去而留下我，我比她们任何一个人都好"的深深失落，打扮得比新娘还像新娘，穿一袭妖娆的红花衣裙出现在酒席上。

立刻，所有美女黯然失色。

立刻，同桌一位帅哥殷勤服务，频频搭讪。

"陶春"与帅哥四目相接，哇，一见钟情！目光纠缠在目光里后，心照不宣，各找理由早退，相约咖啡屋叙谈。

面泛桃红，心如鹿撞。

为什么没有早遇见？遇见之前所经历的情感迷惘、痛苦、委屈，到哪报账？喜欢男孩还是女孩？喜欢木地板还是复合地板？

都谈到了房屋装修！

帅哥深情款款，"陶春"沉迷沉醉。

星星之火，瞬间点燃爱情之水，情感呼呼呼烧成一片汪洋大海。

"走，去见我的父母。"帅哥果敢提议。

"结账吧。"她招来服务生。

"55元。"服务生出示账单，帅哥埋单。

盯着美人，目光不肯错开，仅用余光扫一眼找的零钱。突然，帅哥表情变异，对美女说："快走！"

不由分说，拉起美女冲出咖啡屋。

一头雾水的"陶春"被帅哥拽到大街上，困惑万分。

看到这里，我也困惑。以为帅哥的老婆找来，以为债主追来，以为警察掏出枪来。

谁知，俊男美女停住脚后，站在人流如织的街头，帅哥说："他们多找了10元钱，赶紧溜呀。"

哇！我差点喷饭。立刻调台，起身，到厨房刷锅洗碗去。

临睡前，脑中还是那个得到10元"意外之财"的帅哥的表情。

不知怎的，这个败人胃口的情节挥之不去。不禁想，导演和编剧精心设计这样的蹩脚故事来贬损男人，贬损得也太极端。

但在现实生活中，如此"金玉在外，败絮其中"的男人，是常常可以遇见的。

女儿小时候，我读过一则童话给她听：

小狐狸的外婆准备来看他。小狐狸想给外婆寄张照片，这样，

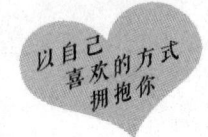

外婆凭着照片就能找到他。小狐狸披挂上许多美丽的衣服、饰品,笑一笑,定格。

外婆收到照片,心里大乐:多英俊的外孙呀!

提着大包小包,外婆费了很大劲才找到小狐狸的家。

小狐狸开门。

外婆惊呆:哪来的丑八怪!吓得头也不回地逃走了。

那时,我借童话教育女儿:虚荣心要不得。

现在,电视中帅哥所犯的错误不是虚荣心使然,而是"10元钱见品德"的大是大非问题。如此,"陶春"美女当然要——绝对应该要,跳上的士绝尘而去。

所以,在爱情上,绝大多数女人还是喜欢"表里如一"这个褒义词。

一见钟情的因素,不过是一副外在皮囊:身高、体重、容貌、肌肤、着装、财富……而钟情的那人的内在精神、性格气质,则犹如一件锦服的裁剪合意、针脚细密、做工精良、内衬舒适。

可是,许多女人衣柜里永远少一件最心仪的锦服。不是没钱购买,不是没时间精挑细选,而是因为,要有许多历练,许多文化积淀,要经历过许多正规、隆重场合,才能培养出女人对衣服"宠辱不惊"的最佳品味。

对男人的选择也同理。对于聪明女人来说,经历愈多,目光愈准。

玫瑰玫瑰我爱你

很多人喻女子为玫瑰，我只愿世间男子，不要让女子"零落委苍苔"。如此，爱情便十分圆满、十分美好。

一直以来，买回家的各色花，都能在花瓶里摇曳生姿几日，只有玫瑰，死活是不肯将艳丽呈给我观看的。

每每，玫瑰的深红花苞立在翠绿枝头，仿佛隔夜，就将开出迷人笑脸散放甜蜜香氛，像浸润在爱情中的女子，双颊绯红，眉飞色舞……

可从暮色四合至太阳升起，隔这么短一段时光，我便亲眼见它慢慢萎谢，像失恋女子，低垂头，神色萎靡，生动不再。

内心里，对玫瑰不是很喜欢。也许，是我无法用清水养着它，让它如期吐露芬芳；也许，是我见不得太美的物事，渐渐萎谢的惨烈之态；也许，还认为它娇柔，不似康乃馨和其他花草的随遇而安。

然而，一位女子，怀抱爱她的男子送的一大捧玫瑰，眼眉都是笑意。这样的一幕，我便有感动和羡慕。

记得，只在一年情人节，乐滋滋地抱过一束玫瑰回家。

那年，情人节是与春节七天假混在一起的。我回老家过年，因时间匆匆，高中几位同学便约在情人节晚小聚。

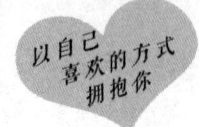

推杯换盏间,有女同学调侃一位男同学,说平时难得见到我,如今大老远回来,又是情人节,怎么能不表现一下同学情谊?

两位女同学不由分说翻出这位男同学的钱包,掏出200元,一溜烟上街去了。待她们从冬夜寒凉中转回,已将街上玫瑰全搜来,有三十多朵吧——节日快过完,花卖不动,降价了。

男同学接过,送女同学一人一枝,送男同学一人一枝,嘱他们回家送老婆。剩下的,全塞我手里。

笑闹中,旧时光重现,仿佛大家还是十几岁的青春心意,没爱过,没失爱过,纯真,纯情,像一杯冒热气的白开水。

想想,那是多么令人怀念的懵懂少年时代呀!

爱过我的男人没送过我玫瑰,我爱过的男人也没送过我玫瑰。仿佛,我与玫瑰无缘。

据说,红玫瑰鲜艳的红,象征热烈奔放的情感,象征爱情的奋不顾身。

电影《大话西游》里,至尊宝说:

"曾经有一份真诚的爱情放在我面前,我没有珍惜,等我失去的时候我才后悔莫及,人世间最痛苦的事莫过于此……如果上天能够给我一个再来一次的机会,我会对那个女孩子说三个字:我爱你。如果非要在这份爱上加上一个期限,我希望是……一万年!"

这段话,是最感人的示爱语言,有哪位女子能抵挡得住如此炽热的告白?

我想,一位男子,如果没想到买玫瑰,如果没钱买玫瑰,如果觉得情人节玫瑰太贵,要想征服女人心,一副好口才真能抵百朵玫瑰。

都说女人是用耳朵恋爱的。一条"你是风我是沙，你是皮鞋我是刷，今晚不来我自杀"的情人节短信，和"才子相见都相赏，天下风流是此花"的红玫瑰，是浪漫的情人节必备。

唐人徐夤这样说玫瑰："春藏锦绣风吹拆，天染琼瑶日照开。为报朱衣早邀客，莫教零落委苍苔。"

很多人喻女子为玫瑰，我只愿世间男子，不要让女子"零落委苍苔"。如此，爱情便十分圆满，十分美好。

快乐地爱

跟你在一起，我的心像一树繁花盛开，心的春季热闹到来。

这样的爱，才是我们该牢牢把握的。

旧时同事来厦门，我们相见嘻嘻哈哈后，首要殷勤的是领他们在环岛路观光。

夜幕朦胧里，春风轻轻，浪涛声声，厦门最美丽的风景宛若天上人间。陶醉其中，大家沉默不语，缓缓踱步在海滩上，细细体察不知不觉潜入内心的美感，一点一点如波涌动。

这时，我的手机却不合时宜地频频响起，短消息一条又一条划破

静谧。

是一位在一次会议上见过一面的年轻作者。我熟悉他的名字，但对他的面目记忆模糊。

他说："近来工作不顺，屡屡受上司的气。这不算什么，要命的是，以前一个同学我喜欢了她八年，可是又怎样呢，她弃我如破棉絮。"

紧接着，他又说："现在好不容易又喜欢上一个女孩，她却对我一时冷一时热，我真受不了。"

呵呵，爱情在折磨他，让他六神无主、手足无措。可这样的情感困惑，我解得开吗？

第三条短信立马又到："我不知道怎么去做才好，在她面前我常常不知所措，因为很多时候我不知道她究竟要干什么，问到关键处她就沉默。我想，要我像对以前那个姑娘那样好，我做不到了。"

也许无人可倾诉，情感需要一个宣泄口。也许月色如水，引发无边愁绪，他像抓稻草一样抓到我。

但起码，我该认真对待这份信任。

我想了想，回了一条短信给他："爱是快乐、温暖的，是发自内心的，爱得如此累，要不要检讨一下自己的行为？是真爱，还是为爱而爱？"

短信发出，我的手机安静良久。然后，收到回信："你这话很经典，像是当头棒喝，我需要放弃吗？但要放弃肯定需要一点时间。"

不是呀，我不是觉得他该放弃，不是想劝他放弃，而是想让他明白，爱，应该激荡着满满的快乐和温暖——我一直很喜欢快乐和温暖这两个词。

一头热一头冷的爱，一头火一头冰的爱，要长久维系，需要爱之人无比坚强、坚定、坚毅，需要"衣带渐宽终不悔"的冲天豪情，需要"为伊消得人憔悴"的无怨无悔。

然而，我们都是一介凡夫俗子。付出了，就想得到，付出多了，就想得到多的，我们都脱不了这样的思维定势。

所以，我们凡俗的爱情应该是相互的，是"你挑水来我浇园"，不是我挑水又浇园，你跷脚嗑瓜子；我们凡俗的爱情应该是亲昵的，是"妆罢低声问夫婿，画眉深浅入时无"的娇嗔，不是我行我素，你白眼横视。

记得，一位歌星曾经在舞台上，很欢快地唱过一首歌："我一见你就笑，你那翩翩风采太美妙，跟你在一起，永远没烦恼……"

呵呵，跟你在一起，我的心像一树繁花盛开，心的春季热闹到来。

这样的爱，才是我们该牢牢把握的。

这样的爱，才是我们只活一遭的人生中最需要的一种情感，犹如冬天的棉袄，犹如盛夏的凉风。

这样的爱是：有了他（她），你的日子比没有他（她）更快乐。

这样的爱是：近近看你，静静听你倾诉，并且，满心喜悦，全身温暖。

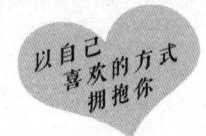

朝朝暮暮

爱情这东西,从古代"所谓伊人,在水一方",进化到科技已武装到牙齿的现代,已是易碎易变易消易灭的一件精美瓷器。

"七夕"下午,一位女友打来电话,絮絮叨叨说她当红娘的经过:

她想为她自己认为般配的一对男女架一座鹊桥,却不料,几个电话来回,此男彼女竟然翻脸。不仅如此,女友还为此淋了一身脏水,郁闷极了。

我听了嘻嘻直笑。世间仗义事颇多,最难料理的却是"情事"。情细如丝,情乱如麻,难解。

女友将我的手机打到没电。

我搁了发烫的手机后,习惯性掏包,却寻不着备用电池。坏了,电池在另一个包里。一时,看废物一样的手机,不知所措。

现代人,已依赖手机成瘾。手机成聋子耳朵时,就像魂掉一半。况且,我还计划从手机的电话簿中搜出一位帅哥,让他请我吃"七夕"晚餐呢,只得悻悻作罢。晚七点多收工后,我饥肠辘辘坐公交车回家。

公交车的车厢拥挤,大概人人都知道今天是"七夕"。车经一处候车亭时，我看见有年轻男人抱大把玫瑰花在卖。深红花朵，簇拥在怀，紧贴他的白衬衫，在夜晚的色调中，显得异常娇美。

那种美，隔着车窗玻璃望去，我竟感觉到一丝丝牛郎织女一年一会的激动心情与热烈情怀。

忽然想起2004年"七夕"，我游荡在西藏阿里。

那日一早，从狮泉河出发，车行255公里，奔波在茫茫土林、苍苍戈壁中，进入象泉河谷，到达扎达县城。

颠簸一天，只为看一眼古格——那创建于10世纪，如今是一座坍塌的断壁残垣的古城，它的突然湮灭，留给史学家和来者至今无解的谜底。

从古格回扎达住宿地时，已是静夜。西藏的夜降临得晚，夜里九十点，天地才渐渐黑沉。

那刻，星斗骤出，亮如白昼。我抬头寻找织女星，随口问走在身边的藏族汉子多优："知道'七夕'是情人节吗？"

他摇头。

我对多优讲了牛郎织女的故事，讲了流传千古的这则凄美的爱情传说，并吟了秦观的词《鹊桥仙》。当我念完"两情若是久长时，又岂在朝朝暮暮"时，多优哈哈大笑。

他说："我们藏族人可没这么婉转曲折，爱就爱了，千里草原追了去，皑皑雪山爬上去，还管王母娘娘做什么？"

是呀，相较古人，现代人洒脱许多，对"情"字也看透彻许多。

我有一位专门研究爱情婚姻的学者朋友曾说，如今这时代，应该提倡"两情若是久长时，就要朝朝暮暮"。

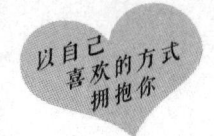

他说,据考察,古人相思难寄,锦书难托,实在是因为科技欠发达,诱惑不够多。对于今人,单用"又岂在朝朝暮暮"来测试其"两情长久",恐怕,经得起考验的人是凤毛麟角。毕竟,"金风玉露一相逢,便胜却人间无数"。朝朝守着,暮暮看着,朝朝暮暮爱着,才是"只羡鸳鸯不羡仙"!

可是,爱情这东西,从古代"所谓伊人,在水一方",进化到科技已武装到牙齿的现代,已是易碎易变易消易灭的一件精美瓷器。

可是,如此这样你浓我浓、亲密无间、形影不离,现代人又会苦恼地说,审美疲劳呀,左手握右手没感觉呀。

没法子,古今同样,感天动地的爱情总带残缺美,爱情没有最完好状态。

美丽与实用

爱错了,也没多大关系,只当消耗时间和精力。爱来,受之;情尽,无痕。现代女子,该具有这样简单决绝的坚硬心意。

新买了两件衣裳。一件昂贵且美丽,一件便宜且实用。

美丽的那件,遇见时,忍不住就笑,心里的喜悦一圈圈荡漾开,连眼光，都生出了意外惊奇——宽大的短袖连衣裙，鸡心领，双层布，内是蜡染蓝白棉布直直到底，外套桃红配葱绿、明黄花朵长长一截，像早时的农家被面，晾挂在青青竹竿上，散发出新鲜的田野气息。

这衣，款式时尚新潮，民族风情浓郁。

一起逛店的同事不解地问："很贵的，真买呀？不过回头率百分之百，准备穿了上班吗？"

我说："挂衣柜里，看着欢喜；或者，偶尔在夜里穿，做一个醒目的妖娆女子。"

实用的那件，是连帽短夹克，显露隐约民族风：色彩是洗旧的黄、紫、蓝、红交织一起，图案方格、菱形，下摆、袖口、裹边线条墨绿，扣子拇指头大小，碧绿圆滑，描几笔黑色京剧脸谱花纹。

这衣，随便搭一条牛仔裤，内穿小背心或 T 恤或毛衣，就能昂然出门上班或赴约——穿的时间长、机会多，不出格，不标新立异。

我的衣，挤满一面墙顶天立地的壁柜，按秋冬和春夏分，有截然不同两类：一类平淡不醒目，像黑 T 恤、黑毛衣、单色牛仔裤，属经典款式，穿的时间极多。一类仔仔细细挂着，常常打开衣柜门看着，只偶尔穿上身，在镜前转一圈。有时也招摇着款款出门，有时又脱了挂回去。

每天，打开衣柜时，面对一叠叠、一排排衣，我偶尔会微笑地想，这厚厚薄薄、长长短短、花花绿绿的像什么呢？像爱情吗？如邂逅一件衣，试穿，买下，穿上；像邂逅一个男子，初识，爱上，拥有？

前几日，在湖边咖啡屋与女友闲聊，说起爱情，都知道年岁渐长，情感丰盛，爱情还是实用的好——男人是拿来用的，是拿来爱你、疼

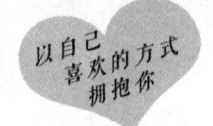

你、对你好的。

那些实用男人，宛若日日要喝的清水，无色无味，却是情感必需，能让我们触摸到寻常生活的气味，能让我们心安若井——这原是我们对生活的一部分需求。

可我们，为什么总躲不过烟花一样的美丽爱情呢？极灿烂，极耀眼，燃放时，竭力仰起头，观看明亮光芒瞬间照耀双眼和内心。然后，眼还没眨一下，夜空恢复空茫。

都说尘世间，女子的爱情日日发生，不过只有极少女子，能够明确她遇到的男子哪个是"对"，哪个是"错"，哪个可以拿来"用"，哪个可以拿来"赏"。

就如购衣时，也只有极少女子，能够明确什么颜色什么款式什么风格适合自己，让自己穿上时，人如柔软华美的锦，衣不过是锦上添的花。

因此，就有女子百般不自在地说，今天穿错了衣。因此，就有女子万分痛苦地说，这次爱错了人。

穿错了，没多大关系，脱下换件别的衣，或将衣送人或挂起。现代女子，该具有这样不心疼银子的潇洒。

爱错了，也没多大关系，只当消耗时间和精力。爱来，受之；情尽，无痕。现代女子，该具有这样清简决绝的坚硬心意。

然而，凡俗生活里，对衣、对人，女子要体贴得实用，也要欣赏得美丽。为什么，没有既高贵又随意大方的衣呢？为什么，没有既实用又激情如潮的男子呢？

浅浅叹一声。

那年初相识

相隔距离遥远,相隔岁月漫长。他们青葱的年少时光像一条活泼的鱼沉睡后醒来,在回忆中游来游去,撩起水花朵朵。他们的心,便潮起一波一波温柔。

那年,他们18岁,狂热地爱诗、读诗、写诗。

他给她写信,写"读了你的诗……"云云。

她回信,常常附上几行即兴句子,像"不要说眼睫上的花粉,被露水打湿就成了泪",像"身后的丛林,有粉蝶飞,蜜蜂叫,童话正悄悄落在小溪旁"之类。

信来信往,青春的诗情画意在纸笺上,如潮一波一波涌动。

然后,是很熟的熟人了,是什么话都可以在笔下侃侃而谈的熟人。他便渴望见她了,就提早一周寄了信,约好时间、地点。

在长途汽车站出口处,她翘首张望良久,就是没接到信里称又高又瘦在人流里鹤立鸡群的他。

她怏怏地回到宿舍,推开门,却见几只红艳的熟螃蟹在一个小筐里伸着爪趴在桌上等她。

原来,在海边生活的他,上车前,买了刚捕捞起的生猛螃蟹,让

渔家大火蒸熟，装筐，提上，坐了早一班的车，颠簸几小时，又换了公交车，央求着一个同乡陪他到她读书的校园，寻着她的宿舍。

她自幼在山里长大，吃惯了菇、笋、肉，压根没见过如此饱满、丰腴、美味的螃蟹。他送的见面礼，自然遇者有份，同宿舍六位女生毫不客气一人一只吃起来。

她在大快朵颐中，一直想，他是什么模样什么性情呢？

相见时，已是通信很久以后。一个不上课的周末，她领他，去逛她读书的这座城市的一个公园。

写了那么多信，一封又一封。互寄了相片，是傻乎乎的一寸标准照。因此，他们显出一种很默契的熟。

他们并肩走着，阳光在顶，清风缠身。他们彼此隔一尺距离，仔细看风景，认真谈诗歌。

随后，青春时光是白驹过隙，他们继续通信。他的字一笔一划，大大的，力透纸背。她的字一律倒向右，像风吹杨柳，又像斜风中的细雨。

然后，各自的事业、前程、爱情，按照人生程序进入各自的生活轨道。慢慢地，他们的交往一点一点淡了。渐渐地，断了音讯。

十几年后，他在一次公事应酬中，无意间发现，招待的客人是她的熟人。推杯换盏间，他索要了她的电话号码，并立刻拨通。

她握着手机，一声"还记得我吗"传入她的耳中。依旧是爽朗的声音，依旧阳光一样明媚，只不过，没了当年的青涩。

相隔距离遥远，相隔岁月漫长。他们青葱的年少时光像一条活泼的鱼沉睡后醒来，在回忆中游来游去，撩起水花朵朵。他们的心，便潮起一波一波温柔。

他们重逢，回忆往事点点滴滴。关于那次游走公园，他们彼此记住的，竟然是不同细节——

她笑问："当年我们握过手吗？"

他说："从一处山坡走下，我扶了你一把。其实那时，我不想松手。"

她说："我们吃午饭时要了一瓶啤酒，我喝了一小杯，满脸通红，你却面不改色。"

他说："热了，你脱去外套提在手里，去卫生间时，你将衣服交给我，我就傻傻抱着你的外套，呆呆站在一棵榕树下……"

他们相视，大笑。

多多益善

男女欲求不同，索取不同，历来是不争的事实。一柔一刚，一阴一阳，一静一动，世界才能天圆地方，生活才能无限精彩。

女友自上海来厦门。

为表迎接之盛情，一帮人相约聚在鹭江宾馆六楼露台，喝冰啤、

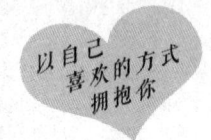

吃小点心，欣赏对岸鼓浪屿灯火迷离的夏夜之景。

酒吧、书店、夜生活、网络红人、男欢女爱、上海和厦门的相同与不同……种种都是即兴话题。

酒至半酣，我的手机短信响起。读罢，回复后，我打断大家的谈兴，说："转移话题，现在做个有趣的心理测验吧。"

我念了手机里朋友传来的测验题目：

A与B是夫妻，但是丈夫A在外有情人C。B得知后与A离婚，C抛弃A后出国，A与D结婚并向她隐瞒一切。问谁最幸福，请按顺序排列。

这时，七嘴八舌，讨论激烈。

最后结论是：女人普遍认为D最幸福，前提是D的幸福须建立在A是好人的基础上。

在座仅有两位男士，一位认为A最幸福，A得到三个女人的爱，美都美死他；一位则认为C最幸福，敢爱敢恨，收放自如。

适时，我公布答案：A代表金钱，B代表事业，C代表朋友，D代表爱情。将哪个放在最前面，表示你最看重哪个。

哇，大家面面相觑，如此测验，始料不及。

上海女友当即说："潜意识里，女人总是爱情至上，为了爱，有时连身家性命都不要。至于男人嘛……"她盯了坐在她对面，与她同来厦门的夫君一眼，"总有让他们认为比爱情更重要的东西，他们拼着命想去把握。"

真是这样吗？此类心理测验只是个好玩的游戏，笑一笑，当不得真。但红尘中，女人重情，男人重义，是向来的观点。

我摁动手机键盘，调侃传这条短信给我的那位朋友："你一定把爱情放在最后。"他回复说："我把朋友放在第一。"

第二天，我将此测验题群发给几位男友女友。

收到的答复是：将 D 排第一的没有一个是男人，女人则大都认为蒙在鼓里不明真相的 D 最幸福；有男友拒绝排列，回复说，幸福不幸福只有自己知道。

是的，幸福无法量化，幸福只是一种感觉。幸福与否只有自己知道，就像鞋合不合脚只有自己知道一样。

但常常，我们不一定心知肚明，不一定准确无误地明白我们最看重什么，最想要什么——

平静久了渴望激情，动荡之后需要安宁，人类天性如此，谁也逃不脱。

再说，命运不曾把我们推向两难择一的极端，我们便日复一日竭力伸长手：我要多多，多多益善呀！

金钱，要呀，有钱多好。

爱情，要呀，人生因此圆满。

事业，当然要呀，没立业，哪来功成名就的良好感觉。

朋友，更要呀，古人早喋喋不休说"有朋自远方来，不亦乐乎"。古人都要，我没理由孤家寡人寂寞度日，不然，知心话儿对谁说？

所以，大其心，容天下之物，今天的人干吗要牢记古人"一动于欲，欲迷则昏"的谆谆教诲呢？

至于，男女欲求不同，索取不同，历来是不争的事实。一柔一刚，一阴一阳，一静一动，世界才能天圆地方，生活才能无限精彩。

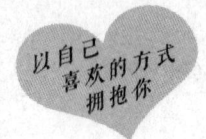

快乐一个人

人与人,缘分的积聚与散失,自有天定。就如,在生命中,总有无法抵达的地方,总有无法企及的圆满,总有无法预知的结果。

"问世间情为何物?佛曰:废物!祝光棍节快乐!"

一早,收到这条短信,我笑起来。才想起,今天是11月11日,是光棍节,又叫单身节。

一个人,呵呵,自由又孤独。这节日,光棍有怎样的心态?

多年前的光棍节,我为一家周刊策划"一个人住"的专题,我写了如下刊首语:

"一个人住,是美好还是寂寞?是丰富还是无奈?是自由还是孤独?是自己赚钱买花戴的益处多多,还是饿了病了没人照料的一言难尽?不管如何,有歌一直在大声唱:孤独的人是可耻的。"

"可耻吗?还是不可耻?笑一笑。有些时候,不是我们决定生活,而是生活决定我们。有些时候,不是我们在过日子,而是日子在过我们。有些时候,纵有十种梦想百般憧憬,千个设计万条规划,我们仍等不来幸福的爱情。"

"那么，就一个人住着吧。周遭之景不因你成双成对爱着而美丽，也不因你形只影单孤独着而冷漠。一个人住，晨起，阳光明亮；入夜，月色温柔。"

"尽管，空荡的屋子有时会响起如泣如诉的《单身情歌》：找一个最爱的深爱的想爱的亲爱的人，来告别单身；一个多情的痴情的绝情的无情的人，来给我伤痕……但一个人住，房子是我的，遥控器是我的，时间是我的，我是我的。"

"好好生活。认认真真过好今天。认认真真过好每一天。一个人，也快乐。"

旧日，信手写下这些文字，记录彼时的认知和感悟。如今，时光匆匆过，年复一年，心里持有的认知和感悟，仍然是：这世上，谁也不是谁的上帝，谁也不能拯救谁于情感泥沼中。对于每个人，在岁月的长河里，具备获得快乐、自得其乐的能力，无限重要。

"小鸟恋爱了，蚂蚁同居了，苍蝇怀孕了，蚊子流产了，蝴蝶离婚了，毛毛虫改嫁了，你准备做点什么？祝光棍节发奋图强！"这条短信，也让我笑起来。

一个人，呵呵，自由又孤独。这一天，光棍怎样面对？

秋一日一日深，不冷不热的天气，感觉舒适。

出门上班，认真工作，回家做饭。然后，守着空荡荡的屋子，守着灯影下孤独的自己。然后，在电视机前独自微笑，在书本里安静沉迷。然后，在黑暗中平稳入睡，呼吸轻柔，梦境甜美。

至于，每个人的内心，向来是巨大的容器，用以收纳对他人的记忆——随时间推移，有人的气味被过滤掉，不留一丝痕迹；有人的精

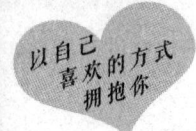

神长驻在内,散发微光,照亮黑暗的隧道——那么,每个人的情感,得到与失去,都不是干脆利落地完成,都是无法复制的过程。

如此,一个人,可做太多事。如此,一个人,可领悟太多事。

人生如梦,梦向来是每个人独立创造的。人与人,缘分的积聚与散失,自有天定。就如,在生命中,总有无法抵达的地方,总有无法企及的圆满,总有无法预知的结果。

如此,一个人的日子,无人可依傍,就依傍自己;无人可信任,就信任自己。

如此,一个人的日子,坦然接纳情感里的注定的残缺和无法如愿的破败,像坦然接纳生命里注定的明亮和如愿以偿的欢喜。

这样,不是最好,但,一定不坏。

仅仅有钱仍不够

静夜的孤独里,白日的繁忙被搁置一旁,她偶尔会想,她至少更加明白了:没有钱的日子万万不行,但仅仅有钱的日子也万万不行。

朋友潇潇嘴里总是嚷,找个大款嫁了,多好,不用为柴米油盐操碎一颗心,不用一分一厘存钱买房买车养孩子,不用拼命算计牙缝里省钱月月付按揭，不用整日绷紧工作的弦，不用丢了玩乐的闲。

面包会有的，一切都会有的。

这天，一位朋友突然打来电话，热情地推销一位大款给潇潇："我朋友的朋友离了婚，我一想，你们挺合适，怎么样，见见？"

电话这头，潇潇怔了怔，嬉皮笑脸地问："怎么个合适法？"

朋友说："身高、体重、年龄相当，关键是，他有两套楼中楼，有车，还有一间不大不小的公司。"

潇潇一听，眼立刻睁大，想想，又将眼微闭，问："文化程度多少呀？"

朋友说："你够文化，还要那么多文化干嘛？你是找男人结婚，不是找文化结婚？再说，对方人不错，只想找个善良、本分的女人过日子，赶着嫁他的人海了去了，你还磨蹭什么？"

过了这村也许就没这店了！

也是呀，万事不能十全十美，才高八斗又日进千金的男人，她怎么能遇上？即使遇上，他也一定不肯多看她一眼，或许，眼角的余光也不肯留一秒给她。

这样一想，潇潇开始认真装扮，然后，款款出门。

相亲地点在一家小酒馆，是风味地道价钱合适但环境不是很好的那种。

朋友说："酒馆老板是大款的朋友，这样的地点比较随意、放松。平时，我和朋友也常聚在这样的小酒馆里，边吃边谈天文地理、工作状态、男人女人、家长里短，聊到哪是哪，热热闹闹、兴趣盎然。"

见了大款，平平常常一个男人，不歪瓜裂枣也不玉树临风。

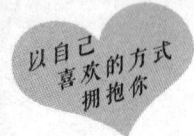

大款招呼大家就座时，热情、有礼，像居家的庸常男人。

潇潇便安安静静，跟朋友和大款边喝酒边闲聊。

酒过三巡，大款回忆起他的发家史，她如听一出暴发户的传奇。

潇潇本不是寡言的人，谈兴浓时，往往妙语如珠。这晚，不知怎的，她说话的欲望一点也提不起来，她找不到与大款对话的共鸣点。

显然，大款也不知该对她说什么，便频频劝她多吃菜。

潇潇便摆出一副淑女样，时不时埋头呆看螃蟹、各种螺、鱼等海洋生物，被清蒸或煮酱油水后，熟透了装在盘中的诱人模样。

第二天，潇潇对朋友说："没感觉呀，连对大款的钱也没感觉，好奇怪。"

朋友说："大款也没感觉呀。大款说如此清丽脱俗的高学历女人，条件太好，他怎敢娶进家门，害怕呀！"

笑笑，潇潇自此没了找一个大款嫁了的念头。或许，这位大款也自此没了娶文化女人的念头。

看大款和被大款看的相亲经历，像一阵雾散去，不曾在潇潇的心里留下印迹。她依旧工作、生活，自己承担自己，依旧将日子过得脚底生风行云流水。

只是，静夜的孤独里，白日的繁忙被搁置一旁，她偶尔会想，她至少更加明白了：没有钱的日子万万不行，但仅仅有钱的日子也万万不行。

悔不当初

当一些经历雁过无痕，一些记忆云淡风轻，我们将看到，月光仍在头上，微风仍在耳际，世界没有改变，改变的只是我们自己。

涉过时间长长的河流，有关青春的记忆犹如大浪淘沙。忽一日，往事如潮，那人昔日的面容在脑海中闪现，那人的身影、一颦一笑清晰如昨。

你便忍不住好奇，忍不住想知道：现在的他，到底是一粒平常的沙，还是一块珍贵的宝？

其实，心底里，你清楚地明白，再见了他，唯一的感觉只有四个字——悔不当初。

这份悔，有两层含义：

一层含义是，他可能会面目全非：脑门微秃，肚子腆起，眼袋厚重，皮肤松弛，一个人胖成两个人；更要命的或许还是，他可能精神颓败，活脱脱一个失意落魄者的形象。

另一层含义是，他可能会完美无瑕：仍然玉树临风，活力充足，历经岁月风雨后，年少的青涩一层一层褪去，变得成熟、稳重、大

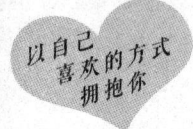

方、智慧,犹如一枚沉甸甸的果,犹如一棵开满繁花的树。

那么,你们刻意重逢。尽管,彼此心底沉淀的,仍是"用世上最轻最轻的声音呼唤你"的美丽、真实、纯净的情感,但过了"为赋新词强说愁"的年少时光,面对他,你的心里必然五味杂陈——当初我怎么会爱上他?当初我为什么放弃他?

这种悔,纠缠着你,不是你甩甩头就能摆脱的。

日前,一位年轻朋友给我打了一个长长的电话,诉说失恋的杂乱心情。他细诉相识、追求、相爱、争吵、冷漠、被弃的种种痛苦过程后,恨恨地说:"我要成功,我要发奋努力,我要成为一个成功者,我要让她后悔!"

他一连串宣誓般掷地有声的句子让我情不自禁咧开嘴角,我憋着不敢在话筒里笑出声。那时,我开始认真去想:放弃怎样一个好男人,女人才会深深后悔,以至后悔终生呢?

女人有多种,女人各异,好男人的标准不能统一。

都说一个成功男人背后定有一个好女人,我却第一次知道,一个成功男人背后还应该有一个弃他如垃圾的女人。

为了那种不知珍惜的女人,男人会化悲痛为让女人后悔的无穷动力——为了爱金的女人,他要成为富翁;为了爱才的女人,他要做个大作家;为了爱貌的女人,他要保持健美身材;为了爱权的女人,他要仕途辉煌;为了爱情的女人,他要当个怜香惜玉的护花使者……

当然,具有富可敌国、才高八斗、貌如潘安、位高权重、情深似海等等所有放射着黄金色泽一样光芒的男人,女人盯着,绝对是双颊绯红两眼放光。

只是，如此稀世珍品近乎绝版的男人，要出现一个，需要天时地利人和多少分量的修为，哪是普通男人努力奋斗就可以成就的？

百炼并不一定能够成钢。逝者如斯，岁月流转。当一些经历雁过无痕，一些记忆云淡风轻，我们将看到，月光仍在头上，微风仍在耳际，世界没有改变，改变的只是我们自己。

这时，如果，他没有变成怨天恨地、自私、小气、计较、恶毒的人，他快乐爽朗，葆有随遇而安、小富即康的心态，他积极进取，爱老婆、爱孩子，他平常但不庸常，他犹如阳光，让身边的女人身为女人的美好品质在恍然若有所悟的光彩中真实、清晰显现，他让爱他的女人感觉真实、轻松、愉快、温暖……

面对这样的男人，大多数女人便会暗暗叹息：悔不当初呀！

永恒不变

别奢望拥有永远不变的爱情，别指望对方葆有持久不变的意志，别将爱到浓时的誓言时刻铭记念念不忘。

一周时间内，一位朋友去了首都北京出差，一位朋友飞到"世界屋脊"西藏游玩，一位朋友跑到俄罗斯去感受异域风情。

每日里，我的手机短信铃声不断响起，时不时读着他们自由放飞

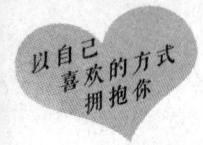

的心情，既羡慕又妒忌。

不知不觉中，我开始郁闷——好歹得出游一回，离开日日生活的这座城市，看一眼别样的风景才行。

工作忙，家务累，脱不开身，到不了远方。

到近处走走总行吧？恰巧，漳州滨海火山公园举办一个小型笔会，邀请了我，我就约了一位女友充当司机，驱车前去。

白日，顶着烈日在古雷半岛、林进屿、南碇岛、赵家堡之间行走，皮肤被紫外线"杀"得伤痕累累。

夜晚，宿在树影婆娑之间的小木屋里。月淡风轻，满屋木头香，满地蟋蟀鸣，满耳波涛声。

此情此景，参加笔会的几个女人却流露出兴奋的表情，异口同声地说："真适合与有情人同来！"

有情人何在？谁是有情人？

唉，女人的话题离不开男人，男人是女人话题的兴奋剂。

自然，长长短短的情感故事讲述了起来，晚间"茶话会"举办了起来。

第一晚，讨论了"喜欢和爱"的区别。

我说："喜欢是欢乐、高兴的情感，是'我一见你就笑'的由衷，是喜上眉梢、喜笑颜开、喜滋滋、喜洋洋、喜吟吟、喜盈盈的模样；爱是'痛并快乐着'，是在喜欢基础上的更高更深体会，有唯一、排他特质，能够令你饱受'甜蜜的折磨'，让你愚蠢、傻笨，天真如孩、单纯如水。"

第二晚，有人问："有永恒的爱情吗？"

我素来是感动于"永恒"这个词,并常常在无聊的电视剧前,情不自禁为那些感天动地的爱情乱洒泪水。但在心底里,我又素来是不相信有永恒存在的。

永恒是什么呢?

字典里说,"永"是象形字,水流曲曲折折的样子,本义是水长流;"恒"从心、从月、从二,"二"表示天地,本义是持久不变。

"山无陵,江水为竭,冬雷阵阵,夏雨雪,天地合,乃敢与君绝。"读这首《上邪》,唱这首《上邪》,千年前火辣辣的女子这样大胆,现在,我们谁还敢如此掷地有声,如此海誓山盟?

海水不枯,奔涌不息,但今日浪不再是昨日波。火山喷发,火山石坚硬,但历经岁月风化侵蚀,岩层剥脱,今日石不再是昨日礁。何况我们一介血肉之躯,皆是有情有义的女子,今日事,不再是昨日情!

我谆谆"教导"一位小女友:"别奢望拥有永远不变的爱情,别指望对方葆有持久不变的意志,别将爱到浓时的誓言时刻铭记念念不忘。"

第三晚,话题围绕"婚姻中的爱情走向"展开。

走向哪?大家一致认为,绝对不是两人的绝世爱情来得更浓烈、更激动人心。

我说:"所有美好的、温暖的婚姻,最后的走向都是亲情成分居多。相扶相守相惜相助的亲情,像左手和右手的关系,彼此相握时,不再令人脸红耳赤脉搏加快,但无法砍去哪只。"

三日赏美景,三晚叙情感,偷得三日闲,时空挪移,心情舒畅。

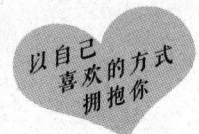

他对你的好

"他对你的好"是,"我疼你,所以,我自觉自愿为你做"。

游泳游得累了,泡温泉泡得乏了,直直躺在温泉池边,右手右脚垂在一池热气腾腾的水中。

他坐在她边上,掬着水,一捧一捧,将温泉缓缓浇在她的黑发里。

湿润的空气中,闭着眼,一动不动,她专心感觉头顶流淌的一注水流,温热、舒服、不急不徐、不慌不忙。她的思绪慢慢迷离,人昏昏欲睡。

那是怎样温柔的一种情致呀!

她去看他,两人有说不完的话,不知不觉,晚饭时间早过。

他领着她,走在昏暗的小巷里。

"吃什么呢?""随便吧。"

一家面店正欲打烊,她要了碗炸酱面,他要了碗担担面。

"都要大份的。"他说。

一大海碗炸酱面很快端上。她惊道:"这么大一碗呀!"

饥饿的他们,他一筷她一筷共吃着。

那个时刻，面香，心甜。

他到新疆出差，只因她随口说过一句"哈密瓜一定好吃"，返程时，除了简单行装，他背了满满一袋瓜。

那时，不像现在这样，登上车厢火车即开，走上舷梯飞机即飞——路途遥迢呀，他几天几夜里，背着、拎着、守着这些瓜。

终于回来了，她接过沉甸甸的行李袋。

"什么宝贝这么重？"打开包，金黄满眼，香甜满室。

她的心，溢出深深的感动。

她在屋里坐着，忽然想修剪指甲。

他来了，说："我帮你吧。"

他握着她的手掌，一个指甲一个指甲剪着，认真、仔细、笨拙。

她浅浅笑着，静静看着。

他将她左手的指甲剪好了，她缩回手，看了一眼他的"劳动成果"，忍不住大叫："我的手怎么被你弄得这么难看！"

他憨憨地傻笑，继而，两人笑成一堆。

冬天傍晚，零摄氏度气温，他在宿舍里请她吃饭。

他买了许多菜呀肉呀鱼呀，他说："露一手给你看，我有过得去的厨艺。"

她挽起袖子，准备洗菜打下手。

他摊开湿淋淋的双手，用肩膀将她推开，说："我皮厚，冻不着，你的任务是吃水果嗑瓜子看电视。"

她倚着厨房的门框，那一瞬间，她决定，可以将自己嫁给他了。

一帮女友聚一起，酒足饭饱后，闲聊起"他对你的好"这几个

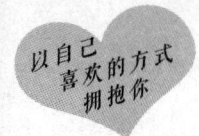

字。各自回忆起的，深藏心底念念不忘的，竟都是这样的琐碎：

事发时，云淡风轻一般，不张扬，不招摇，不勉强，不刻意。然而，时间一年一年过了，恋爱时许多美好的故事早已随风而逝，却有这样一些细节在心里留存不灭，竟久酿成蜜。

于是，一人一句总结道："他对你的好"不需要太多的金钱；

"他对你的好"不需要刻意的规划设计；

"他对你的好"是"我疼你，所以，我自觉自愿为你做"。

因了"他对你的好"，女友就如飞蛾扑火，义无反顾地投进各自男人的怀抱。即使，日后有人发现上错花轿嫁错郎，也是日后的后悔了。

美丽的爱情总在从前

不可能拥有不可能得到又不肯刻意去求的那一个男人，就是做女孩时最精美的一个梦了。

第一个故事

"美丽的爱情总在从前，美丽的心情总在从前，美丽的开始总是无法忘怀。"一位女友如是说。

她说，一年夏天，一个男孩去黄山旅游，用一个精致的信封寄来了一只振翅欲飞的美丽蝴蝶和关于蝶的故事。

说很久以前,一名秀才辞别新婚的爱妻进京赶考,途经黄山时,盘缠被强盗抢劫,并被打成重伤。恰好一位老和尚化缘归来,见秀才一息尚存,便救回深山精心照料。

一晃近一年,秀才伤渐愈,只是每时每刻思念爱妻。

一日,秀才信步庙外草地,见群蝶飞舞,花香鸟语,不禁触景生情。

他随手捉住一蝶返回庙内,用笔墨在蝶翅上书写了一个"心"字,说:"蝶儿,你若知我心,你定知我心,请飞到吾妻身边。"

那蝶儿在秀才手上翩翩着,渐渐飞去。

再说秀才妻一年不得相公消息,思念成疾。一日昏沉病榻,想夫妻何等恩爱,忍不住相思泪流。忽有一蝶从窗外飞进,在床前舞着不去,渐渐停在秀才妻手中。

秀才妻突见蝶翅上有淡淡墨迹,一个"心"字却是丈夫手迹,不禁悲喜交加,知夫君仍在人世,且未忘小小的温馨的家。

后来,夫妻俩历经磨难终于团聚。这自然是一出感人的喜剧。

再后来,黄山的蝶翅上有了一个"心"字花纹,黄山的蝶就成了一个刻骨铭心的爱情象征。

就因为男孩从黄山寄来了一只振翅欲飞的、翅上有"心"纹的美丽蝴蝶和关于蝶的故事,他的女友说,她开始爱上了蝶,也爱上了这位男孩。

第二个故事

大四那年,写诗的他认识了写诗的她,且一见钟情。

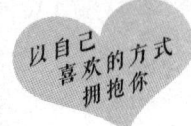

　　在他的情书情诗甜言蜜语的围攻下,他们相爱了,但同时又不得不面对毕业后天各一方的现实。毕业了,他们劳燕分飞。

　　一年半后,他结婚了,新娘当然不是她;又一年后,他离婚了,远山远水坐火车坐汽车去找她。

　　面对在山清水秀小城中恬然当孩子王且心无所属仍忘不了那段爱情的她,他涌起复杂之极的感情。但她拒绝了他的忏悔和求婚,不肯嫁一个离了婚的男人。于是,他们成了不谈爱情只谈友谊的朋友。

　　之后,他奔海南,下海倒腾服装,去日本打工挣钱,回国当小小款爷,有了自己的房和公司。她认认真真教书,自然而然恋爱结婚生子,十年时间眨眼就过去了。

　　他一直不再结婚,身边走马灯似的出现不同的美丽女人。他对其中几个谈起她,深情款款溢于言表。

　　有时灯红酒绿热热闹闹后,他将自己沉在一盏灯光下,重读她年轻时飞扬的诗文。

　　他的伤感在于:过了十年时间的结论都是——最适合他的女人是她,可是她永远再求不来,永远是别人温柔贤惠的妻。

　　他无奈地说:"自己是一个太怀旧的人。"

　　在他很成功的事业后面,青春的错误不可能再挽回,失去的不可能再求回来重新拥在怀里。她成了他心深处最柔软、最不可触碰、一碰就痛的那一道不肯愈合的伤痕,成了镜中月、水中花。

第三个故事

　　一个心无所系自由自在云一样的女孩,在一个偶然机会,认识了一个事业上很有成就很有名被光环笼罩的男人，于是她不可抗拒地有了一见钟情的触电感觉。

三个月后，女孩出差到男人所在的城市，拨了一个电话。女孩穿一件宝蓝色衬衫和男人在公园门口见面了。

许是天意吧，夏夜的阵雨突然一阵阵泼来。在一件撑开的透明的雨披下，男人自然而然伸出手臂拥女孩入怀。

一声低低叹息后，男人在女孩额上轻轻印了一个吻。

第三次见面是五年以后了，女孩已是为人妻为人母的女人。

也许又是天意，女人在毫无预感的忙杂的工作之余，又穿那件衬衫匆匆去会面。

相对而坐，谈天说地。

男人突然说："那天风雨里，你穿的也是这件衬衫。"

一阵沉默，一种说不清的温馨感觉漫上男人和女人心头。

现在，女人坐在我的对面幽幽地问我：这是怎样的一份情感呢？彼此从来没有言谈一个"爱"字，彼此也无力承担那个"爱"字，只是心仪很久。那种感觉在有限的三次见面交往中，美丽得令人心悸，就像天边稍纵即逝的绚丽彩虹。

我无言以对。

千人万人之中，能够让女人遇见并且欣赏并且心动的，只不过那么一个男人吧？而不可能拥有不可能得到又不肯刻意去求的那一个男人，就是做女孩时最精美的一个梦了。

这个梦甜蜜而温暖而虚幻，不是每个女人都有缘请求着去做而能做进青春年华的梦里的。

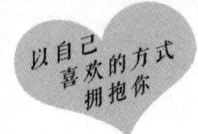

第四个故事

寻找一个可意丈夫，30岁年龄应该是过了普遍撒网、重点捕捞的爱情旺季。亲朋好友撒下那么大一张网，网上来的只是几条小小鱼儿。

于是，不该进网的鱼游进网里了。

她和一个有妇之夫爱得昏天黑地。爱情来得突然，谁也不想抗拒，一味沉溺进去，躲进爱情的囚笼里，管他春夏与秋冬。

只是，她常常有一种不真实的感觉，避着众人耳目的爱情，不能真实地握在手里可以温暖她的每个日子。

面对男人精心策划离婚、重建家庭开创新生活的蓝图，她沉默，不肯触及，不肯添上自己对未来的一笔色彩。

随着相知相爱的更深入，她潜在的悲剧意识更深了。

谁也不曾想到，这场见不得阳光的爱情竟以一场车祸作为结束——

一辆大卡车在一个阳光明媚的中午冲向一辆摩托车，骑摩托车的人就这样在刹那间成为了她心中永远的、谁也不可替代的男人！

现在的她常常回忆过去，回忆的时候总是泪满双颊，泣不成声。

逝者已矣，活着的人该好好活下去。只是，那个男人的音容笑貌、举手投足仍然触手可及，她摆脱不了他留下那昙花一现的刻骨和美好。

她说，甚至来不及珍惜和给予，他就这样匆匆走进她的生命，又匆匆走出她的生命，只留给她挥之不去的恍惚和伤痛，以及回想时整个人的深切孤独。

就这样,她深爱的男人化成了泥,化成了水,化成了时刻围拢着她那看不见摸不着的空气,将伴随她一直到地久天长。

好男人

进入爱情,沉在一个男人的迷离目光中,脸红,心跳,恍惚,体验"弱智"之境。

周末晚,不想在家静静看书码字,忽然想,也该放松疲累一周的身体和操劳太多琐事的一颗心,就约了两位女友去泡温泉。

购了门票,换好泳衣,款款入水。

在池中泡了五分钟,一身热汗滚滚而下后,到凉水池里自由自在游几圈,再泡热泉,然后依次入白酒池、薰衣草池浸浴,伸展四肢,舒展每一寸关节,微闭双目,进入宠辱皆忘、天人合一之境。

夜风轻拂,树影飘摇,灯光细细碎碎闪烁。

三个女人东拉西扯开始聊天。

最后的话题,落实到男人,得出以下几种看法:

好男人如温泉。

温泉含有一定浓度的矿物质、一定量的气体、一定量的微量元素,其医疗保健功能自古就有文字记载,孔子《论语·先进篇》、汉代张

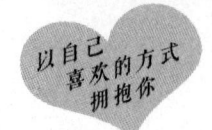

衡所著《温泉赋》、晋代郦道元所撰《水经注》、明代李时珍的医学名著《本草纲目》，都讲述了温泉有治病、除秽、保健之功能。

爱情中，散发"硫磺味"的男人绝对是女人的一味保健药。他挟带的"矿物质""气体""微量元素"，比自来水、海水、山泉丰富，与他相伴相随，你能够身强体健、皮肤光滑、减肥瘦身。

好男人似白酒。

酒的作用人人皆知，薄醉时，脸红，心跳，恍惚，是酒徒孜孜不倦追求的美妙感觉。

生活里，好酒的女人不多，但好男人的女人满目皆是。"时时醉向酒家眠"也好，"但愿长醉不复醒"也罢，说的是酒，也说的是爱情之境——酒不醉人人自醉呗。

进入爱情，沉在一个男人的迷离目光中，脸红，心跳，恍惚，体验"弱智"之境——酒使人弱智，爱同样使人弱智——然后喃喃说"功名万里外，心事一杯中"，然后再喃喃说"人生得意须尽欢，莫使金樽空对月"，呵呵，多美好。

好男人像薰衣草。

薰衣草具有镇静、安抚、止痛、消炎等作用。

最近，日本科学家又有新研究发现，薰衣草能改善心肌功能。对于失眠、焦躁、不安的女人，薰衣草茶、薰衣草精油、薰衣草沐浴露，通通都有疗效。

同样，薰衣草似的男人对女人的安抚作用，如混在空气中的花草香，能够杀灭细菌，净化空气。深吸浅呼间，入口、入喉、入心、入肺，让你轻体香身，气定神闲。

再聊，得出一个结论：好男人很多，关键是，遇上好男人容易，遇上对的好男人很难。

因为，如果，你神经系统原本脆弱，不宜太兴奋，承受不了热水的压力和刺激；如果，你天生对酒精过敏，闻到酒味就泛起一串串疹子，进而深醉不知醒；如果，你睡眠好得不得了，倒头就是好梦一场，旖旎风光无限，不需要镇静平和……

继续聊，最后两句话是：心理需求不同，择男人的标准便不同——没有好的，只有适合的。

公交车上的"爱情"

对于感情，我仍觉得爱情是神圣的，亲昵的举止是一种隐私，是相爱的双方内心情感情不自禁的流露。

夏日某天，挤在公交车上。

之所以说"挤"，是以我不高的个头，努力踮起的脚尖，再用不长的手臂抓住车顶的扶手，将自己塞在车厢里后，我的前胸和后背只差几寸就要贴上别人热乎乎的身体和汗湿的呼吸。

对此，我习以为常无动于衷。

每天上下班都是这样来去奔波，工薪族的钱袋里银子不多，不挤

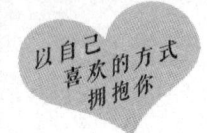

公交车不如此辛苦又能怎样？

然而，那天我却看到一个平日挤公交车时难得一见的场面。

一位男人左手牢牢抓住扶手，右手紧紧拥着一位姑娘。姑娘的双手环绕着攀在男人腰间，脸埋在男人胸前，喋喋不休地对男人娇着嗲着——他们亲密成一团不嫌热吗？

——这是一幅很美丽很动人的情侣热恋时的画面，在如今已是不少见，即使守旧的人也不过扭转头见怪不怪。

在往日，我总是对此情此景投去含笑一瞥。

可是现在，那男人稀疏的头发染黑过，仍遮不住两鬓斑白，脸上皱纹丛生，手背上老年斑点点片片，年龄应该在50岁以上。那姑娘素着一张没有丝毫皱纹光洁的脸，不过20岁左右。

这一对人儿，自然使我忍不住多看几眼。

他们是父女吗？不像。父女的举止不可能这样亲热，即使是有"恋父情结"的女孩，爱女如命的父亲，神态也不是这样。

他们是老夫少妻吗？不像。他们没有夫妻之间的默契。他们是情人吗？确实像，但他们年龄相差那么悬殊。

他们旁若无人地交谈着。姑娘娇声说："车那么挤，你年纪比我大那么多，你怎么站得稳，我为什么站不住呢？"

姑娘又说："下次我再也不和你一起挤公交车了，我们去打车。"

这时，车到一个站点，男人眼疾手快瞄准一个空位，拨开旁人抢占坐了下去。姑娘顺势坐在男人腿上，一手搂着男人脖子，一手抚摸男人的手。他们抱成一团继续交谈着。

我忍不住睁大眼睛，差点笑出声来。

如今，一切在飞速发展，人们的观念在飞速更新、进步。应该说，还不算太老的我，已经能够快速接受新的思想和事物。

然而，对于感情，我仍觉得爱情是神圣的，亲昵的举止是一种隐私，是相爱的双方内心情感情不自禁的流露。

而在光天化日之下，在大庭广众之中，一个年龄已到生命深秋、本该是非常成熟非常理性的男人，却拥着一个花朵一样、有着很青春面容的小女人，任小女人不顾场合、不看地点、不合情理地腻在身上撒娇，实在使作为观者的我感到好玩又好笑。

诚然，每个人有每个人的爱情观，年龄的差别不能阻止爱情的滋生，年龄差别悬殊的男女热烈相爱着，这样的事时有发生。只是这样的事例中，常常是年老的葆有一颗年轻的心，年少的懂事又明理，这样的爱情常会得到开明的世人的赞美。

而在这一对人儿面前，我真的为那个男人感到疲累——

他如此小心翼翼地护着女人，就如我在公交车车厢的众目睽睽下，保护我的小小女儿像母鸡护小鸡一样——既怕她被人挤了，又怕她站不稳摔了，个中辛苦，只有经历过带孩子挤公交车的当娘的人才能深知其中滋味。

我又为那个女孩感到难堪。给老人和小孩让座是我们的美德，她却以一个老男人为她的支撑，在公共场所毫无羞愧地放纵自己有碍观瞻的言行，她的尊严哪去了？

也许，青菜萝卜各有所爱，轮不到我为他们的"爱情"操心。

老男人自有占有一份青春所获得的喜悦，让他上刀山下火海也可能乐在其中；小女人自有得到一份依靠所获得的娇宠，让她开口向男

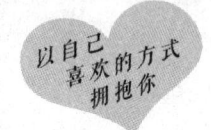

人要天上的月亮，她也会不假思索。

也许，如果他们的关系是建立在金钱基础上，女人爱上男人的钱，男人以钱买了女人的青春，这样简单明了的买卖关系，我又能说什么？

只好徒然感叹在人欲物欲面前，有些人的"爱情"已不可捉摸，不可理解，不可理喻。

完美是握不在手里的

可是，我的鞋带突然松了，在我蹲下系鞋带的时候，他从我的身边走了过去，他没看到我，我没叫住他……

女作家赵玫的《十七英里海岸》，讲述了一个怎样的故事呢？

她要回国的时候，恰巧经过他居住在美国的那个城市。在他那个城市，她抱着试一试的态度拨了电话。

于是，他们相见，没有美国式的拥抱，甚至连中国式的握手也没有。然后，她坐在他的车里看这个城市。

晚上，他带她到一个很黑很暗没有人的岛上，在异常的寂静里，听棕榈树叶在海的涌动中从天宇发出的沙沙响声……

然后，他们手拉着手走下乱石的海堤——在她和他从穿开裆裤时就开始的漫长交往中，最亲密的举动就是手拉着手，仅此而已。

第二天，他仍开着豪华的红色车带着她。只要是值得驻足的美景所在，他都带着她，只有他们两人。

他说，有一处叫作十七英里海岸的地方是极为浪漫的旅游地，莎朗·斯通和迈克尔·道格拉斯主演的《本能》就是在那里拍摄的。

他说："我要带你去十七英里海岸。"

十七英里海岸，一个多么令她眩惑的引诱之地。难道，这会是《本能》那样的浪漫之旅、疯狂之旅吗？她期待着，穿上那条非常漂亮的黑色长裙，红色飘逸的外衣。她认真地化妆，很精心。

敲门声响起，她按捺着满心激动。

门外，他和他的女儿一起站着。这是她没有想到的情景。

他说："我妻子在楼下的车里，我们不去十七英里海岸，我们去看北美最古老的酒城……"

读完这个中篇小说，我迷惑了。

赵玫在她所著《高阳公主》这本书中，用热烈激情的文字，描写了大唐皇帝李世民最宠爱的女儿、身为人妇的高阳公主与在禁规中的和尚辩机相爱的故事。

这个最炽热的爱情和最强烈的欲望冲破了一重一重封锁线，这个爱也极致、恨也极致、结局也极致的故事，使我以为赵玫作为一位女作家横溢的才华中，一定兼具着写作状态下的激情满怀。

但是，《十七英里海岸》的淡淡讲述使我改变了这种看法。

在漫长几十年中，她和他止乎于手拉着手，止乎于漫长的思念和梦想。青梅竹马两小无猜地长大，19岁了，她生命中最大的恐慌就是被时代抛弃，她拒绝了自己内心的萌动。

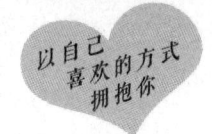

后来,他上山下乡后返城读大学。

快乐的日子中,她漫不经心颐指气使,不肯明确她和他的未来是什么。他失去等待的耐心,便有了一个叫翎的女友。

她开始后悔。

他结婚去了外地。翎病了,脑子里长了个瘤。翎死后,他又搬回他们这个城市,而她在他回来前夕结了婚。

她再度去找他,是办完离婚手续后。但是在伤痛之中,他们终于不能互相拯救,没有走到一起的最终勇气和缘分。

他们又疏离。他再度结婚,远涉重洋闯荡……直至他从美国回来后不到一个月,他突然去找她。

他说,想在城里买一处房子,今后经常回来,看她。听着他的未来规划,她撒谎说,很多年以前,她就有一个心心相印的男友……

赵玫的这个故事,是怎样的彼此错过?是怎样的一再错过?是怎样的终于错过?

人生在世,偶然和必然交织在一起。一次一次阴差阳错,一次一次失之交臂,构成人一生之中的大半光阴。

我的一个朋友曾在灯下,无比伤感地对我说:"我相信,我最想要的、最适合我的那个男人一定存在,只是,我这辈子不可能遇见他。也许我遇见了,在街头,他迎面走来,脸上挂着令我心动的笑容。可是,我的鞋带突然松了,在我蹲下系鞋带的时候,他从我的身边走了过去,他没看到我,我没叫住他……"

这,便是赵玫笔下人生的宿命和无奈了。

一种近乎于童话的美丽情感,一种不曾拥有不曾得到的很神圣很纯洁但又不失典雅的情感，一如十七英里海岸令人向往。虽然，他们没有十七英里海岸的缘分。

赵玫要告诉读过这个故事的人的，仅此吗？是不是赵玫以为，生命过程中的最真、最美、最爱，必是晶莹如瓷、脆薄如梦，只能永葆心中，使之成为最失意时的一种支撑。而一旦伸出手去拥在怀里，错综复杂的现实中，十之八九便是"肥皂泡破了""七彩梦逝了"？

雾里看花，水中望月，握不在手中的永远是最好的，对心仪的物如是，对心仪的人如是。

这是人性的缺憾，大多数凡人逃不过、躲不开、避不了。

所以，我们激情地说，不在乎天长地久，只在乎曾经拥有。所以，我们理性地说，美是瞬间的，美是虚幻的，完美是握不在手里的。

久别重逢

曾经的伤已经无痕，曾经的痛已经不疼，曾经的好还能记得一些，还有什么比这样的结果更好？

逛了街回家，一身汗。她放下大包小袋，打开客厅空调，钻进浴室。

手机却响了起来，在客厅沙发上的随身包里。满头洗发水满身沐浴露，不想接。

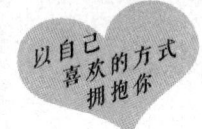

手机铃声响了一会儿,就停了。松口气。

铃声又响。只好从浴室跑出来接。

"是我。"有些熟悉的声音,久远的那种熟悉声。

一怔。

"是我,听不出来了?"

脑中顿时空白。稍后,反应迟钝地想:哦,是他,是他吗?

"我来这个城市出差,办完事了,还有三个小时,能不能见你?"话筒里,他说。

停顿一会儿,她答:"好。"

慌乱着,打开衣柜,取一套黑衣穿上。想想,又换一套白衣。

在梳妆镜前发愣。将长发梳顺,稍后,又挽成一个髻。

出了门,坐在的士上,脑中却不是关于他的回忆,而是——

女友从外地来,在她家小住。一进门,立刻当着她的面,用她家的电话联系前男友:"我来了,想不想见我?"

约了第二日叙旧。她不解地问女友:"迫不及待想见他,为什么泡在我这浪费宝贵光阴?"

女友说:"坐了一夜火车,太疲累太憔悴,需一夜好梦养足精神,集合起全身的美丽细胞,容光焕发才能相见。"

她大笑,调侃女友是否旧情未忘。

女友正色说:"只是让他知道,没有他,我同样活得滋润。"

下午的咖啡屋,闹市中安静一隅,如无风之境。

嗨,轻轻一声招呼,浅浅一个笑。

她上一次见他,是五年前。

"你胖了点。"她说。

"你清瘦了些。"他说。

无端地,他们想起相爱时开过的一个玩笑。

他拥着她问:"如果分手,许多年后,肯定有重逢的一天,那时,彼此会是什么模样?"

她说:"时间催人老,女人比男人更不经岁月折磨,我可能会变成一个失去身体线条的臃肿妇人,像街上常常见到的那种,利索随和,粗门大嗓,一手提菜篮,一手牵孩子,并不时因孩子的顽皮呵斥几声。"

他说:"你如果变成那样,我也许连招呼都不打,转身就躲。"

还好她没变成那样。

她不需要像另一位女友的同学那样——

整整两月,每顿晚餐她只吃苹果,硬将自己生生瘦了20斤,只为回老家过年时,中学同学有一个毕业多年后的聚会。她将遇到曾经爱入骨髓的他,而她不想让他看到她满身赘肉,毫无光彩,不想让他后悔爱过她。

女友的同学减肥的意志坚毅如钢。

隔着咖啡的阵阵醇香,叙旧缓慢开始。

"你爸妈好吗?兄弟姐妹好吗?那个抽摩尔的女孩、那个写小说的女友好吗?"

话题在外围兜转一圈,终于,小心翼翼地进入内核。

"你好吗?"他问。

"真的很好。"她笑。

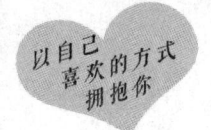

从彼此外在看,他好,她好,两个人都好。

分开五年,天不相关,地不相干,曾经的伤已经无痕,曾经的痛已经不疼,曾经的好还能记得一些,还有什么比这样的结果更好?

旧爱如梦。梦早醒,在五年前。

喝罢一盏咖啡,将手伸给他,轻轻握别,转身,不再回头。

"一与故人别,再见新蝉鸣。"白居易如是说。她却感叹,物是人非,逝者如水,回首青春的故事,在夏阳如火的照耀下,以为应该浪涛起伏——谁知,竟无波。

优雅转身

现世女子爱一遭,心像野火焚过,废墟一片,却也造就了她们遇事从容镇定的气质。

一个在都市迷离的夜幕里发生的故事:

因工作上的一桩变故,他决定去另一个城市发展。踌躇许久,准备许久,待离去行程迫在眉睫时,终于,他约了她在咖啡的香味氤氲里摊牌。

正是初春时节,白日里,他们手牵手去看了怒放的梅花、含苞的桃花、星点的梨花,看了枝头萌出的嫩芽。

那时，她以为他们的爱情，就如这春风吹拂的新绿，随阳光普照气温上升，很快会泛出一片盎然，继而开出一树繁花。

咖啡屋里，慵懒四散的灯光极适合催生爱情，也适合扼杀爱情。突然，她这样感觉。

隔着两杯咖啡的醇香望着他，她安静如泥塑。

心底里，他希望她挽留——尽管他已想好非走不可的坚定理由来说给她听，他为此斟词酌句好久。

他希望她哭，像梨花带雨那样或猛烈山洪袭来那样。他还希望她责问，一连串愤怒从她的唇中吐出，他的内疚将有所减轻。

她不发一言，静静听他说。他说着说着，忍不住流露出深深眷念。似乎，只要她开口，他立刻改变主意。又似乎，生杀大权在她手上，他一副等待裁决的毅然。

往事种种：相识，相知，相爱，相怜，相惜……一幕幕鲜活闪现。

他曾说过，以为她是阳光，照耀他的生活。

他曾说过，以为她是和风，吹拂他的日子。

他曾说过，以为她最好——她确实最好。

然而，他仍然放弃。把她当"掌心里的宝"，只是在情感满溢出来的时候，在卡拉OK时很投入地对她唱，唱得她喜不自禁心花怒放，真以为自己是他的宝。

如今，宝已萎地成泥。

长长沉默后，她只说一句："什么时候走，我送你。"说罢，拎起包，推开椅，缓步离去。

他注视着她转身，一步一步消失，像一缕风飘逝了。他没有看

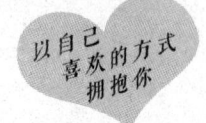

见,她优雅地推开门后,立刻被夜色抹去的一滴泪……

故事情节老旧,娓娓道来,像陈谷子烂芝麻。

她坐在我对面,双手握一杯温暖的咖啡,却似乎,握着一杯冷却了的过往。

她说着说着,竟笑了起来,笑容里有一种决绝的凉意。

我只能叹息。从远古至今,这样毅然决然的放弃从来没有停止过。

古人曾云:"龙啸虎吟,凤翥鸾翔,大丈夫之气象。"如此大丈夫,平凡女子能有几人遇见?此话流传下来,只是为男人的薄情寡义作遮掩的外套罢了。

在男人的言语上、思想里、行动中,"大丈夫何患无妻""天涯何处无芳草",振振有词掷地有声,种种都是他们的自我宽慰。

而相较古代女子被抛弃时"一哭二闹三上吊"之表演,现世女子爱一遭,心像野火焚过,废墟一片,却也造就了她们遇事从容镇定的气质。虽纷若乱丝,却知道一切终当就绪,由此,她们能够优雅转身。

上帝造人,造出男女如此不同:爱了,女人如飞蛾扑火;爱了,男人仍急功近利。

唉,不说也罢。

第二辑

执子之手

《诗经》里说:"死生契阔,与子成说。执子之手,与子偕老。"这幕古老之景,是男人牵起女人的手说:"嫁给我吧,让我照顾你一生,让我陪伴你一世。"

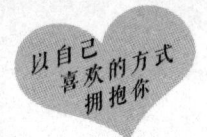

谁可相惜

相知是一匹华美绚丽的锦,相惜是锦上一朵花。我们只要将这两样裁成一袭贴身衣裳,日日穿在身上,就能让自己和对自己最重要的那个人感觉温暖。

春风沉醉的夜晚,坐在书桌前,安安静静地,听林忆莲深情款款地唱:如果全世界我也可以放弃,至少还有你值得我去珍惜,而你在这里,就是生命的奇迹……

听着听着,心灵的一池碧水,被柔美的歌声吹皱,一圈一圈涟漪开始荡漾。

忍不住细想,要怎样的一份情感长驱直入抵达内心,落土,萌芽,生根,成长,开出一树繁花,才值得你说,也许全世界我都可以忘记,就是不愿失去你的消息?

要怎样的人进入你的生活,让你动情,动心,牵肠挂肚,相爱相惜,如此才说,我怕来不及,我要抱着你,直到你的皱纹有了岁月的痕迹?

生命里,那个人不可预见,不可设计,但你确实会遇见。一不留神,你被爱情撞了腰,开始心心相印彼此相守。

古语说:"百年修得同船渡,千年修得共枕眠。"

杜秋娘说:"劝君莫惜金缕衣,劝君惜取少年时。花开堪折直须折,莫待无花空折枝。"

呵呵,说的都是"珍惜"二字。

谁可相惜?惜由爱而来,由怜而来,由害怕失去而来,由视若珍宝而来。

圈子里,公认婚姻生活很幸福的一位女友,曾传授一门"驭夫经"。她说,一日和老公吵架,他猛然推门出去,不顾气鼓鼓的她。

她立马抓起钥匙,紧握手中,跟着冲出。

远远注目他的背影,他走,她也走。他停,她也停。

他忍不住回头问:"你烦不烦,跟着我干嘛,让我一个人静一下好不好?"

"不行,你不能够丢下我。在我拥有的所有里,房子重要,钱重要,宠物狗重要,但与你相比较,它们次要你重要,我不能把我最重要的东西丢了。"她仰着脸,认真对他说。

看着这个说出一连串"重要"、并将自己当做"最重要的东西"的女人,他一颗心忍不住柔柔软软起来,紧绷的脸部肌肉慢慢松弛。

然后,他笑了,笑如阳光。继而,笑声如夏日奔放的太阳雨。他伸出双手,将她牢牢拥在怀里。

"相惜",很美好的两个字。

在男女相爱中,相惜的最佳表现方式是:真心疼你。

因对我来说,你最重要;因伤你如伤我,爱你如爱我;因失去你,我的心便被腐蚀出一个洞,不再完整,伤痛缠绕……

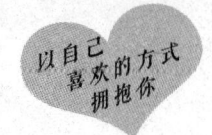

所以，冷时替你加衣，饿时为你养胃，开心时陪你欢呼，成功时为你庆祝，失意时陪你度过，落魄时给你相助……

确确实实的疼爱，在满眼关切、满嘴呵护、满心关怀中，让你对幸福的体验，如汹涌不尽的长江水滚滚而来。

相惜的爱情，是甜蜜如糖的。于我们只活一遭的人生，虽不像空气不可缺少，不像食物不可不要，但它是弥漫在空气中的花香，洒在食物里的调料，仅仅一种成分，就能够愉悦我们的身体和心灵。

因而我说，相知是一匹华美绚丽的锦，相惜是锦上一朵花。我们只要将这两样裁成一袭贴身衣裳，日日穿在身上，就能让自己和对自己最重要的那个人感觉温暖。

谁可相守

在爱情中，相守之人，必是彼此看管之人：看管你的心要爱着我，不可心无旁骛，你的人要归属我，不可旁落。

一个家，一盏灯，灯下一个人。
一碟两盘或温或冷的菜，一碗两盅冒着热气的汤。
两双筷面对面无言，两把椅隔着桌无语。
窗帘不时被撩起，伸长的脖子探出又缩回。

脚步一下一下踩着楼梯，足音一下一下不急不徐。

掏出钥匙，还未插进锁眼，门已从里面悄然打开……

谁守在家里，守着一屋灯火四泻的温情，守着燃烧的灶火、电视的喧闹、嘀嗒的时钟、干净芳香的床？

谁可相守，守着你日日夜夜、年年岁岁，从青丝到白头？

守，作为名词，上部宝盖头表示房屋，下部寸，表示法度，为官吏的职责也。作为动词，有看管门户之意。

在爱情中，相守之人，必是彼此看管之人：看管你的心要爱着我，不可心无旁骛，你的人要归属我，不可旁落。

看管一个人，比看管财物费神千倍万倍。

财物是死的，没有思想意识，你想将它挪个地儿放置，或将它打理成长的、方的、扁的，它也乖乖的，你只要小心提防梁上君子就行。

人是活的，再严密的看守也有疏忽、不尽职的时候，一不留神，你的"财物"也许移情别恋，成了一个不回家的人。他拔腿就跑，你紧拽，却敌不过他逃跑的气力。

呵呵，守土有责，守爱也有技巧。

安妮宝贝曾说过："爱一个人，是一件简单的事情，就好像用杯子装满一杯水，清清凉凉地喝下去。你的身体需要它，感觉自己健康和愉悦，因此认定喝水是一个好习惯，所以愿意日日夜夜重复。"

可是，守着一个人，却没这样简单。

我们唱：我能想到最浪漫的事，就是和你一起慢慢变老……

变老的过程，是光滑的肌肤不再，飞扬的青春不再，激情的冲动不再，是面容和心灵改变、蜕变、变得与当初那人面目全非的过程。

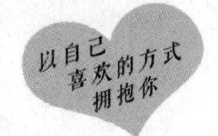

爱情初始时,我们"感觉自己健康和愉悦",并不是说,爱情过程中,我们能够一直温馨地、甜美地"感觉自己健康和愉悦"。

爱一个人,身体的参与因素多一些,见着你,面色泛潮心跳加快;抱着你,愿意时间停驻,世界仅剩我们两人;吻着你,千种风情万般柔肠如一树繁花盛开。

而守一个人,不啻守卫疆土:寸土不能失呀!

我的一位朋友因此说:"爱,一是遇到一个好人,二是自己就是好人。两个好人相守,因了各自的好,才能不离不弃。"

然而,我以为,仅仅两个好人仍然不够。爱是一个变数,无法预测,无法精心一步一步算计。

谁可相守?

爱着,因为有爱,用爱守着。

不爱了,再守着,也许,他浪子回头,重新发现你的好,重新爱了,你的种种委屈、辛苦、心酸,终有报账的地点和时间,也算守得云开见月明。

可我们也常见,曾经那么相爱的一对人,变成气体的火和液体的水。火一点就着,水一流就无孔不入,再不相容、相契、相合,变成恶语相对、恶言相向的冤家,恨呀、闹呀、吵呀、打呀,或者,冷漠相处仇恨相视,不再"感觉自己健康和愉悦"……

这时,我以为,不守也罢。

谁可相依

依是爱情的初始,或者说,是爱情的萌芽,算不上爱情来临。没有紧紧相拥的波澜壮阔,没有狂热相吻的激情万丈。

在爱情的一系列动词中,"依"这个字,不适合大声嚷嚷,不适合豪气冲天——它适合在夜幕里,披着细碎树影,沐着朦胧月色,轻声说,让我依着你吧。

只是轻轻,温柔,带一点迷恋、一点亲热、一点仗持、一点信赖。

依着一个人,将你的头歪过去,将你的肩斜过去,将你的身体靠过去,将他的臂、肩、怀,哪个部位都好,当小小支撑点,暂时休憩一下思维和身体。

或许,你会闭上眼。那刻,周遭安谧,你的心灵波澜不起。

白日里,市井的喧嚣,工作的压力,赚钱的艰辛,人际的复杂,都化成一缕青烟,袅娜着、蒸腾着,消失了。

因有一个可依之人,你不再将纷纷扰扰紧握手里。

依的力度不大。

他如果是一棵树,你依过来,不过是一阵微风吹动几片叶子,是

一只轻盈的鸟站在枝头；

他如果是一朵花，你依过去，不过是一只蜂儿的嘤嘤飞翔，是一颗星子的光芒洒落；

他如果是一茎草，你依过来，不过是一阵细微的尘土扬起，是一粒晶莹的露珠滋润。

依不是倚，倚的力度大些；依也不是靠，需要被靠之人站稳脚跟。只是轻轻，依之人和被依之人付出不多，承受很少。

所以，想恋爱的男女通常会发现，可依之人触目皆是伸手可及——只要你说，让我依一下吧，多半不会遭到拒绝。

谁可相依？

找一个可倚或可靠的人有时需要一点智慧，寻一个相依之人只要适时情怀、适时情景、适时需要。

"依"是人在衣中，不过一件衣呗——如霞的华服使人美丽，松软的棉袄让人御寒，索要的，不过是那一点点的柔情！

所求不多，得到便容易。付出不多，献出便爽快。如同向富翁要个千儿万把元，向穷人索个块儿几角钱，不伤根不害本，乐得大大方方。

依，不过如此简单。

依是爱情的初始，或者说，是爱情的萌芽，算不上爱情来临。没有紧紧相拥的波澜壮阔，没有狂热相吻的激情万丈。身体契合部位不多，头挨肩，肩挨臂，臂挨怀，只是挨着。

想依偎谁？想依从谁？

爱情的藤蔓以"依"为起点，悄无声息开始生长，然后，你经历涨潮、暴雨、台风、海啸……最终，爱情死亡，新一轮爱情开始。

幸运之人少而又少。如果你是凤毛麟角的幸运儿，你爱情的最终归属，将源于"依依"，归于"依依"，如同人源于尘土，最终归于尘土，这是爱情的最大圆满。

至于，你欲将最初的"依"进行到一生一世的相依为伴、相依为命。甚至，想将依的力度渐渐增大，半个人倚过去，整个人靠过去。再甚至，想做一条寄生藤如缠树一般，牢牢缠在那人身上，将身家性命交出去，你就得睁大一双慧眼，把那个人看得清清楚楚明明白白真真切切。

如果不具慧眼，借一双去吧。

谁可相倚

彼此有一点点倚持，不是全部，不是打碎了你中有我，我中有你，而是两个圆相交，交合部分你倚靠着我，我倚靠着你。剩下的，你是你，我是我。

白居易叹："红颜未老恩先断，斜倚薰笼坐到明。"
王维问："来日倚窗前，寒梅著花未？"
张乔说："调角清秋断，征人倚戍楼。"

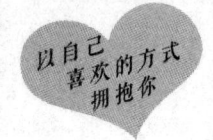

细读这些诗句，我们仿佛见到三位倚着熏笼、窗、楼的古人，仿佛见到他们面容清晰如在眼前——只一个"愁"字深锁眉头。

忽然，将思维多边发散开，暗想：三位古人倚的如果不是结实的建筑，倚的不是那些冰凉的竹木搭建的支撑物，而倚的是人，一个温暖、结实、有力量、爱着的人呢？

呵呵，他们还会凄凄惨惨戚戚孤独坐到明，惦念家乡梅花开否，关心前方战事进展吗？

有人相倚，在"别有幽愁暗恨生"时，多好。

倚的本义是斜靠，倚窗，倚门，倚树，倚石，柔柔软软的一个动作。

将这个字放进爱情里，是身子累了，歪过去，得到一点依靠。心灵倦了，闭上眼，有一点仗持。

谁可相倚？

古典爱情中，男女乍一见，有一点点心动，有一点点心仪，有一点点心慌，相约美丽后花园，在明月清辉下私定终身；要不就是，织女美丽无双，牛郎勤劳勤俭，共同憧憬"你挑水来我浇园"的农家生活，便可以演绎一出轰轰烈烈的传奇。

现代爱情可没这么单纯，才如何，貌怎样，钱多少，性格，爱好，职业，为人，处事……甚至，老爸老妈的收入，七姑八姨的往来，再甚至，是否体贴入微，是否一辈子忠贞不渝……掰着手指样样计算，每一样都求最大限度合心合意。

因此，在现代爱情里，有人相倚，是"好风凭借力，送我上青云"的顺势：从物质方面看，我饿，跟着你能过上饱日子；从生理角度看，我病，你可照顾我；从精神层面看，我渴望成功，你可以在我脚下垫一块石。

我读大学时，一位同班女同学像一朵妖娆的花，引来无数学子像蜜蜂一样嗡嗡围绕。

有一段时间，一周总有两三个晚上，八时左右，一位青年才俊总呆立在我们宿舍楼下的暗影里，望断秋水似的久望我们房间流泻出窗外的灯光，将脖子拉成长颈鹿样。

每每这时，女同学便遣情窦未开的我下楼，交青年才俊一张纸条，或传递一句话。

我真不忍一再面对此男人失望黯然之目光，就问女同学为什么爱理不理他。

女同学说："男人太漂亮靠不住，太有才也招惹女人喜欢。最关键的是，现在我美丽，他爱着我，如果有一天，我遇上车祸，瘸了瘫了，他肯定弃我而去。"

那时，我一直弄不清长我几个月的同学怎有如此斩钉截铁的论断。

如今，女同学风韵犹存，平凡平淡生活着。也没遇上车祸，自然无法验证她后来选择的老公会不会在她瘸了瘫了时与她相濡以沫。

因此，她年轻时对爱情的理解可用一句话形容——过度操心漫长的将来谁可相倚。

谁可相倚？

窃以为现代最佳爱情模式应是：男女彼此有一点点倚持，不是全部，不是打碎了你中有我，我中有你，而是两个圆相交，交合部分你倚靠着我，我倚靠着你。剩下的，你是你，我是我。

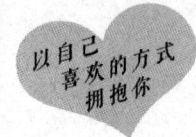

执子之手

《诗经》里说:"死生契阔,与子成说。执子之手,与子偕老。"

这幕古老之景,是男人牵起女人的手说:"嫁给我吧,让我照顾你一生,让我陪伴你一世。"

我不知道我能不能活到 77 岁。

如果能,那时身边应该会有一两位友情持续 50 年以上的朋友——我们偶尔见面,沐浴暖阳,感受微风,头顶白发,半眯双眼,有一句没一句聊着 50 年光阴如流水,一去不复返。

我不知道 77 岁的我,身边能不能有个相依为命的男人,他爱我的皱纹和老年斑,像年轻时爱我的青春容颜一样。我们共进三餐,在一套房子里蹒跚进出,有时争吵,有时沉默,有时唠叨。

我们相爱相守,相携相伴,相互温暖。

这一幕晚年之景,远在未来之地,目不可及。

现在,即使我努力睁大双眼,也看不到、观不清。

可我心底,却异常清晰明白,我这一生,绝对不可能拥有一位与我相守 77 年的伴侣——当我读到"英国最老夫妇携手走过 77 年人生"

这则新闻，我是多么感动。

活77年，好像有些容易，因为如今生活质量提高了，医疗卫生条件也很发达。可是拥有77年的婚姻，非常不容易。

10岁认识，青春期开始约会，22岁私奔结婚。英国哈罗德·艾戈德和路丝·艾戈德这对老夫老妻，如今都已百岁，他们住在多塞特郡的威尔茅斯市，自己做饭，自己照料花园，自己在家中招待来访的亲戚朋友。

哈罗德这样描述他们夫妻的每日之晨："我们每天早晨起床时都会吵吵嘴，然后马上和好。"

路丝则说家庭和睦的秘诀在于："你要面对一切困难。当生命中遇到挫折时，有些人会选择放弃，但我认为家庭是重要的，你应该将所有亲人都团结在一起。"

屈指一数，他们相处在一起的日子接近90年。90年，是怎样一个数字？是1080个月，是32850天。

90年相对，肯定有争吵，有失和，有伤害。

77年婚姻，肯定有甜蜜，有激情，有幸福。

有没有"左手握右手"的平淡？

有没有"外面的人想进去，里面的人想出来"的围城心理？

时至今日，华年不再，很多世事灰飞烟灭，很多情爱消散无踪，如"人面不知何处去，桃花依旧笑春风"。可他们，却平平淡淡地将他们平平淡淡的爱情进行到底。

还有，比这更令人羡慕的婚姻吗？还有，比这更令人敬佩的婚姻吗？

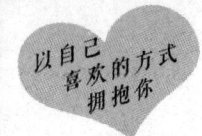

《诗经》里说:"死生契阔,与子成说。执子之手,与子偕老。"

这幕古老之景,是男人牵起女人的手说:"嫁给我吧,让我照顾你一生,让我陪伴你一世。"

男人的手大且厚,有力量,有温度,有发自心底的诚恳。

这句古朴誓言,这句轻轻承诺,实在比"爱你一万年""海枯石烂不变心"来得动人。

"执子之手,与子偕老",多美的诗句。

但在现代,关乎情感的变数太多。能够偕老,最好。如果不能,半途撒手,也行,大路朝天,各走一边。最看不得的,是紧拽对方手不松,哭着喊着说,不让我好活,不如一起死。

这样执子之手,真不如自个儿左手握右手。

相互取暖

但如果,具有一颗知对方冷热的敏感的心,他爱,你爱,你们相互取暖,或许,爱情这种易枯易萎的物质,保鲜期可以长久一点。

同事说:"我的一个女友好惨呀,老公出轨,把她抛了,四十多岁的女人,整日痛苦哭泣,不知怎样安慰她。"

同事又说:"年轻时,情到深处,他对她说,'我愿意为你做任何事,只要你快乐。'感动于他的誓言,她嫁了他。"

婚后,他对她真是百般疼千般好万分疼:买菜、做饭、洗衣、收拾房间一人独揽,带孩子、育孩子、教孩子一人全包。

她十月怀胎将孩子生下后,爱是爱极,却仍不知如何料理一个小人儿,不知如何料理柴米油盐。

渐渐,孩子长大,小学、初中、高中一路读去。男人爱她,他是她的依靠、她的保姆,她仍不需要操太多心。

然后,孩子读了大学,远赴他乡,夫妻两人相对相守的生活似乎一下空了,他被填得满满的时间突然剩余了。

她依旧上班,依旧逛街、打牌、旅游、做健美操,依旧把自己的日子过得像未嫁的尊贵公主。

而他呢,人到中年,事业有小成,一个温婉女人就不知不觉闯进眼中,住进心里。

那是一个仰头看他的女人,眼里都是崇拜和怜惜:这样的优秀男人,该有个体贴他、照顾他、呵护他的女人呀!

他的心渐渐被俘:原来,女人的温柔是这样如云、如雾、如水,一寸一寸漫过,甘之如饴、受之如蜜。从此,他甘愿灭顶……

同事说罢,摊开手,一副无可奈何的模样。

我却笑了,问同事:"难道你这女友20年的婚姻生活中,只牢记老公的誓言,没有偶尔想起'世上没有无缘无故的爱,也没有无缘无故的恨'这句话吗?"

同事回答:"我的女友如今一直唠叨,是他说过要为她做任何

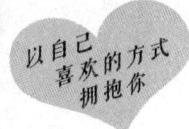

事的。"

我继续笑了:"她为什么不动动脑子,在爱的激情下,男人所发的誓言能够20年不改变吗?"

在时间这把利刀的劈砍下,一切都在改变,我们早已不复当年。何况,爱情从来无理可喻,充满迷失、谬误。

英国科学家曾研究出一个科学结论:爱情能使人的注意力、记忆力降低,使人对恐怖不太敏感。

当年,我们又傻又笨又大胆地爱着,恃宠而娇,那只是当年啊!

时过境迁,日月风云不曾改变,改变的是我们自己的情感。

把你当"掌心里的宝"只是电影电视里的情节,唱"爱也无所求"这歌的那一对已经分手。

细究起来,我们的爱,根本是有动机有需求要回报的,只是,当年我们难以觉察、觉悟、觉醒。

如今这时代,爱情越来越脆弱,爱情的经营越来越困苦艰难。"诱惑变多了,禁忌变少了,长久更难了,劝你别傻了"的段子在手机的短信里转来转去。

有人说,这是一个速食时代,爱情不过是相互取暖。这句话偏颇与否暂不去管,但说得也是——爱情是相互的,是你温暖我,我温暖你,而不是,我只是你的热水袋。

再热的水,在无情的时间中,也会渐渐冷下去。

但如果,具有一颗知对方冷热的敏感的心,他爱,你爱,你们相互取暖,或许,爱情这种易枯易萎的物质,保鲜期可以长久一点。

爱上浪子

伤害是双重的，宛若一把利剑穿心而过，拔出来后，前胸血涌如注，后背血涌如注，两个伤口都致命。

台湾作家张晓风说："爱一个人就是横下心来，把自己小小的赌本跟他合起来，向生命的大轮盘去下一番赌注。"

她赌了，筹码是飞蛾扑火地爱上，爱得不管不顾。她怎么逃得了呢？她怎么愿意逃呢？

他高大、帅气，常常在意料不到的时候拨个电话给她，朗声说："没什么特别的事，只想听听你的声音。"

只这一句话，就令她的心里即刻潮起一阵温暖。

请她晚餐。葡萄美酒，烛光摇曳，他紧盯她浅醉的脸，深情地说："你为酒醉，我为你醉。"

她能不醉吗？

送她回家。在她家楼下，他依依不舍："和你在一起，时间过得真快。不，时间已经不存在了。"

哇，她能怎么样呢？她只能晕在他的怀里了。

尽管，她知道他是一个地地道道的浪子，身边有许多女人，风流

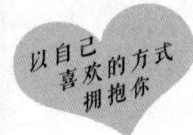

韵事一件又一件。尽管,父亲气得跺脚,骂她扑进一个臭水潭里。

但她心甘情愿,不由自主地陷进爱情里。

她换位思考地说:"他优秀,才有那么多女人喜欢他。"

拥着她,他耳语:"和我在一起,你就是我最后一个女人。"

如此体贴、柔情、呵护、关爱,他的嘴抹了蜜,他的每一招都准确无误重重击中她心底最柔软的部位。

"我们结婚吧。"他求婚了。

把心一横,她偷了父亲藏在箱底的户口簿,与他领了结婚证。

以为妻贤,夫能干,儿子降生,一天天健康活泼成长,从此一家人就这样稳稳当当过着幸福生活了——

然而,几年后,她和他离了婚。直接的原因是:他和她最好的闺密上了床。真是小说里的情节。

所有人都知道了,许多人拐弯抹角地提醒她,她自己不断辟谣:"怎么可能!"

她是真不相信,真以为是无稽之谈,然而,还是存有一点点疑云的。他身边向来美女如云,他与那些美女的关系是深是浅,她从不追究。所以——

"闭着眼睛过日子,何必没事找事,爱他,就信任他。"她这样说。

一日,无意间,她捉个正着。她立刻傻眼。

闺中密友呀!情谊从中学开始,高兴时,与她分享;失意时,互相安慰,这么多年,比姐妹还亲,情深似海。

盛怒下,她将一杯残茶泼得女友满脸。

女友冷冷地说:"有本事管住自己的老公!"

她管不住。她可以不理睬他的其他荒唐，但她不能不正视眼前的事实：

一个是最亲爱的老公，一个是最亲爱的女友。伤害是双重的，宛若一把利剑穿心而过，拔出来后，前胸血涌如注，后背血涌如注，两个伤口都致命。

离婚后，她独自带着儿子过一份简单的生活。

不久，听到他又与另一个女人纠缠不清，而她曾经最好的女友为此痛苦万分时，她竟有了解气、解脱的感觉。

如今，时光是治疗情伤最好的良药，她的伤口已愈合——头顶一片属于自己的天，天晴天阴，刮风下雨，自己明白，自己知晓。

她已经醒悟：爱上浪子，要么，忍受他的博爱、滥情；要么，有足够的智慧看得清楚，哪个浪子可以回头，哪个浪子永远是浪子。

健康的底子

对于情感，我始终的态度是以"健康、安全"两个词来做底子的。

一早醒来，摸出情景模式设置成静音的手机一看，居然有六个未接来电，而且都是同一陌生号码。

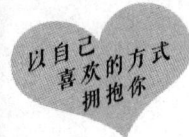

谁这样一大早急着找我?

赶紧回电过去。

是一个陌生的年轻男音。

他一迭声说:"黄姐,你能帮我吗?"

他又焦灼地说:"黄姐,求求你,你要帮帮我!"

啥事呀?我绝对不是能量大无边之人。

电话里,他不肯告诉我他是谁。只是他支支吾吾说,在同事的鼓动下,做了不该做的事,惹了大麻烦,无法解决。

他"犹抱琵琶半遮面"说了半天,我终于听明白,原来,他与同事一起去了风月场所,一夜风流后,几天后发现身体不适……

"赶快上正规医院找医生呀,除此,难道有其他好方法?"

"可是,没发现自己身体出问题之前,我还和老婆同过房。如果,因此害了老婆、害了幼小孩子、害了家庭,我,我……"电话那头,他忍不住哭泣起来。

从他颤抖的声音里,我可以清晰地感知到他的极度脆弱和巨大的恐惧。

他不断地说:"我后悔死了,我后悔死了……我该怎么办?我该怎么办呀……"

唉,现在后悔后怕,何必当初贪图一时享乐而英勇无畏呢?

要知道,性的安全意识,是每个成年人都应该具有的。尤其,嫖娼的后果,在不仅仅关系自己一个人的时候,连带无辜的亲人一起共同吞食这枚苦果。

这样的男人,我认为,该被狂扁一顿。

通话结束，倚靠在床头。我想，为什么，明知一些事情的开始，一定是以"死得很难看"的方式结束，一些人，仍然开始又结束，带着义无反顾的精神呢？

我不禁要问："这是人性的愚蠢，还是人性的英勇呢？"

明知悬崖在前，跳？还是不跳？这难道真是一个不值得思考的问题吗？

在过去的两年时间里，作为一名媒体记者，我的工作之一是：充当情感垃圾桶，倾听并记录无厘头的杂乱的情感故事，给予倾诉者一点自己的看法和建议——

我纵是铁石心肠，每每倾听如此让人无比郁闷的情感故事，我能够心不动容，当成风拂过耳吗？

不行呀！

到底，男女之间的情感是什么？是彼此相吸引，彼此相伤害？是爱时，情比金坚，不爱时，寡情薄义？

爱情，这样捉摸不定，这样阴晴无常。

我凭什么能耐，去做隐私的倾听者呢？

这几天，一位朋友的情感终于修成正果，一位朋友的情感终于黯然失去。我感受着前一位朋友的喜悦，陪伴着后一位朋友的苦痛，恭贺与劝解的话语交替说出来，却让自己，不能平静。

另一位旁观这两段情感进程的朋友因此评论说，健康的情感是重要的。

他的意思我明白，指的是不要轻易进入患得患失的场景。然而，如此理性，就是心理健康的标志吗？

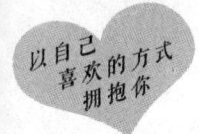

对于情感,我始终的态度是以"健康、安全"两个词来做底子的。

如果,连健康的要素都失去,连安全的感觉都不具有,连后果的深重都无法担当,这样的两性情感,这样的膨胀欲望,这样的盲目需求,有什么重大意义呢?

我认为,根本就无意义。

你至少可以不忍受

如果,不能好好珍惜彼此,作为男人的你可以离开,
你不能挥起拳头。而作为在男人拳头之下的你,不能只是
一味睁着惊恐的双眼呀!

正上班,电话铃响,拿起话筒,一阵撕心裂肺的女人哭声传来,让我的心立刻揪成一团。

我问:"你好,你是谁?什么事?"

仍是哭声,抑制不住的哭声。

我使出哄孩子的温柔:"平静一下好吗?为自己倒一杯水,喝一口,做深呼吸,我慢慢等你说。"

大约五分钟后,话筒那头女人低低抽泣地说:"他打我,往死里打,我快被他打死了。"

"谁打你？"我吃惊的声音提高了几度。

"是我老公。他说打死我后，他可以再娶一个年轻漂亮的。"电话那头，她这样说。

断断续续，对话许久，我清楚了原委。

作为农村妇女的她，被老公痛殴近10年。这天，老公将她当沙袋一般饱施拳脚后，扬长而去。她哭，死的心都有，可如果真去死，又万般不愿，抛不下两个孩子。她想到了报社，就拨了这个电话。

她问我："我该怎么办？"

我异常气愤，咬牙切齿，义愤填膺。我不假思索地说："找妇联，报警，验伤，上法院离婚，请求索赔。"

妇女却哀哀地说："我不想离婚，我死也不离婚。只要他不打我，我给他做牛做马都行。"

我哑然。

妇人仍哭着，无助地说："我不想离婚，我只要他不打我，有什么办法让他不打我？"

"我没有办法，我真的没有办法呀！"

我对妇女说："他打你10年，已成习惯，指望他立刻收起拳头不太可能，更别指望他立刻会变得温柔体贴。这时，你只有反抗。"

"可是，我一反抗他打得更凶。"

"难道，你就这样一直成为男人情绪失控发泄的沙袋？"

妇女沉默下来，良久后说："谢谢你听我说了这么多，我情绪好多了，我认命了。"

她轻轻搁了话筒。

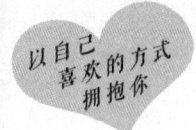

我却拿着话筒,发呆许久,忘了将话筒放下。心情一下子沉重起来,然后,将这通电话讲给同事听。

年轻的同事都疑惑,为什么这位妇女还要继续留在充满暴力的家庭里,只因她是一介农村妇女,经济上不能自立?

我却清楚知道,其实,根本原因是,她对生活的自信心已被长久的暴力彻底摧毁!

因为,有调查表明,被动接受和麻木不仁是受虐妻子的典型特征。

妇女挨打一般经过三个阶段:初挨打时,感到吃惊,竭力躲闪;然后感到恐惧,竭力讨好丈夫;最后感到抑郁,躲到一边自责。一旦挨打成习惯,对妇女自身来说,其后果不能想象。

而妇女挨打的社会后果除了伤害、致死之外,还可能成为下一代的效仿行为——妇女的挨打还常常伴随子女的挨打和受虐待,待子女长大成人后,有可能继续这种受虐的生活模式。

我想起加拿大有一个男人叫迈克尔·科夫曼,他在1991年倡导了男人承诺不对妇女使用暴力,面对暴力不宽容不沉默的"白丝带运动"。当年加拿大就有10万男人和男孩响应他的号召戴上了白丝带,而今,"白丝带运动"已经发展到很多个国家和地区。

为什么是白丝带而不是其他标志?

科夫曼这样解释,在西方文化中,白色代表和平。戴上白丝带象征我们要两性的和平而不要暴力;在东方文化中,白色表示哀悼之意,戴上白丝带是要纪念成千上万因暴力而死亡的妇女。

科夫曼还说明,他意外发现,白丝带的形状像汉字的"人"字。他认为,暴力是全人类的问题,也只有依靠人与人的理解与合作才能得以消除。

在文明社会里，享受没有暴力的生活是妇女的应得权利，家庭应该是温馨、祥和、快乐、美好的，应该是充满爱情、亲情的心灵港湾——爱人，是要用千年的漫长时光才能修来共枕眠的缘分！

如果，不能好好彼此珍惜，作为男人的你可以离开，你不能挥起拳头。而作为在男人拳头之下的你，不能只是一味睁着惊恐的双眼呀！

我的心，剧烈疼痛，为蜷在家庭暴力阴霾下的妇女，为10年被痛殴只是偷偷哭泣着熬过漫长岁月的这位不知名的农村妇女。

内心强大

在自给自足、人格独立、内心强大基础之上，持一份安然、素淡心意，才能笑看红尘千万种变幻，才能对自己心怀怜悯。

清晨，光脚走在木地板上，脚底有凉意。

渐渐，太阳出来，明亮光线投射在隔壁老宅的墙面上。

我从窗口看出去，飞檐的红砖黑瓦，陈旧、苍老的痕迹被隐去，显现出干净、簇新的意蕴。而一只鸟，安然地站在老屋飞檐上。

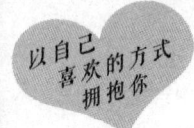

我看它,它看我。然后,我和它一起看清晨的阳光渐渐漫散开去。然后,它矫健地飞向明媚之处。

我一时恍惚。是深秋时令,还是初冬季节呢?

我几乎一夜未眠。是因为她的故事吗?

她找我说了一晚。

她红着眼激烈诉说时,她哭泣着缓慢诉说时,她绞着十指低低诉说时,我都以疑惑加不解的眼神注视着她——向来以为,她光鲜的日子表象下,有一份富足和美满:孩子懂事,老公事业有成,自己温柔美丽。

然而,却不是。

那些无法诉说的痛和伤,藏在无人觉察的深处,终于,熬到忍无可忍时,熬到掩无可掩时,对着我,洪水决堤般倾泻而出。

她一晚的倾诉,带给我的,是无法忍受的愤恨和替她抱屈。

我喊叫:"这样的不快乐,你干嘛要十几年这样过?这样价值观、生活态度的不同,你干嘛要十几年如此委曲求全?这样的丧失自我,你干嘛要十几年始终以他的意志为意志?"

她擦干眼泪走后,我陷入细细思量之境。

我历来清楚,很多人的生活水流平稳舒缓,却不知,平稳舒缓之下,深处激浪一重重,深处漩涡一个个。因而,置身家庭的狂风激浪里,要有怎样强大的力量,才能转危为安?

不久前,我随手写过两句话:

"常常,时光改变女人的,首先是心意,然后是容颜。只是,对心意强大的女人,时光显得力道不足。"

"内心空洞的时候，必须有强大的力量支撑。这种力量，有时来自外界，有时源于自身。"

写这两句话时，我想起的是女人在婚姻中的"第二性"角色，在家庭中的牺牲担当，在爱情中的甘愿付出——

不论女人爱或被爱，有爱或无爱，不论女人幸福或不幸福，快乐或不快乐，我以为，这时代的女人，最好的状态应该是，自给自足、人格独立、内心强大。

因为，生活永远没有最好的状态。有的只是，在自给自足、人格独立、内心强大基础之上，持一份安然、素淡心意，才能笑看红尘千万种变幻，才能对自己心怀怜悯，才能随年龄增长而日渐感觉到，内心愈丰盛，岁月更静好。

反之，一个人忍而又忍，委屈又委屈，偷偷把泪哭干，于女人的生活，有何益处呢？于男人的生活，有何益处呢？于家庭的生活，有何益处呢？

永恒的真理是，只有自己才能拯救自己，救赎之路只在自己强大的心里。

除此，别无他法。

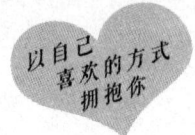

痴情故事

我问男人:"你这样做,累不累呀?"

男人说:"我爱她,相信我改了缺点后,她一定会回到我身边。"

接了一个长长的电话。

听的过程中,我的表情无比生动:微笑、吃惊、讶异、目瞪口呆、点头、摇头,最后,忍不住笑出声。

兹将故事记录如下:

大学时,男人曾暗恋着比他大两岁的女人。毕业后,大家天各一方,彼此结婚成家。

男人婚后过得不好,匆匆离婚。

偶然机缘,男人与女人有了电话联系。

男人得知女人生了孩子,但婚姻并不美满,女人想逃避。于是,男人建议她来厦门。

这样,女人离婚后,将孩子交给母亲抚养,只身来厦门。

男人在电话里对我强调说:"客观上讲,我们各自离婚,不是因为谁插足谁的家庭。"

女人来厦门后，自然与男人生活在一起。开始时恩爱，后来频繁吵架。吵架的原因是，除性格差异，男人要求女人婚后生一个他们自己的孩子，女人不肯。

终于，买了房子，要装修了，男人要一颗"定心丸"——与女人生一个孩子，女人仍不肯给这颗"定心丸"。这样，男人要孩子，女人不要，这个禁区一触及，就是硝烟弥漫。

如此，同居生活四五年后，终于领了结婚证。

但婚后不久，女人从家里搬出去，不告诉男人住哪里。

男人与女人还见面，也通电话。男人打出女人的手机通话清单，厚厚一叠可以订成本子。

男人开始暗暗跟踪，还雇了侦探。在一次出差结束回厦门途中，侦探告知女人的住处。

男人想，直接去女人住房找她，求她回家。

敲门时，男人感觉屋里是男女两人，一时，血往上涌。

门开后，一个男人问他找谁。他说："找我老婆。"

男人看见门口男人与女人照片在冰箱上的镜框里，床上扔着男人女人的内衣。女人躲不住，只好从躲处走出来。两个男人大打出手，最后报了警。

第二日，男人和女人离婚。

男人问我："那男人是谁你知道吗？"

我只能摇头："不知道。"

男人说："是一个刚刚大学毕业两年的年轻人，比我老婆小九岁，不知我老婆怎么想的。"

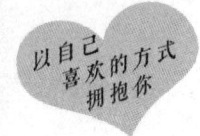

我"哦"一声，不知如何应答。

离婚后，男人想："我不该逼女人生孩子，我对女人不好。"

而女人，没有丝毫做错事的悔意。女人说："是你不好，是你把我逼走的。"

男人痛定思痛后，决定对女人更好，将女人再追回来。于是，男人又请侦探，查出女人住处，索性搬到女人楼下，每天有空就煮好饭，叫女人来吃。

男人洋洋自得地说："她出差，从来不告诉我去哪里，住哪里，什么时候回来。我总有办法将电话打到她住的酒店，总有办法每次都去接机。然而，有时她明明坐这次航班回来，我却接不到，当晚也不见她回家睡觉。"

女人对男人说："如今我是自由身，想和谁睡觉就和谁睡觉，你管不着。"

情人节时，男人煮好饭请女人吃，还送了花。女人不屑地说："你不知道我从来不喜欢花吗？我对花过敏。"

软磨硬泡，男人终于请动女人上街，要给女人买情人节礼物。

男人说："买礼物给她，如果不是她挑的，她根本不要。"所以，男人从不敢擅自做主买礼物，不然就是热脸贴冷屁股。

就这样，两个离了婚的人，日日上演着一幕幕男追女的闹剧。

男人说："她是很怕寂寞的，我如果不看住她，她肯定又会跑去和那个年轻男人睡觉。"

我问男人："你这样做，累不累呀？"

男人说："我爱她，相信我改了缺点后，她一定会回到我身边。"

我问男人:"你改什么?"

男人说:"我可以不要孩子,我可以赚更多钱,我可以对她更好点。"

我问男人:"你不要孩子将来会不会后悔?你现在已经赚不少钱了,你天天煮饭给她吃,已经对她够好了,她又如何对你呢?"

男人黯然。

直到挂掉很烫的手机后,我没有听到男人说一句女人不好。

从男人语无伦次的叙述中,我感觉,他们的故事是:

男人死缠烂打,她是他的天仙,他绝对离不开她,他相信精诚所至金石为开,不然,有一天他会疯狂。

女人偶尔周旋,他不是她的唯一,她顾盼左右,心里的十分连一分都不曾给他。每每相对,饭是一定要吃的,难听的话是一定要说的。

男人说:"她再怎么数落我,我尽量做到这耳进那耳出。"

搁了手机,我差点晕在沙发上。

如今,这样痴心不改的、痴情痴傻的男人,已经像熊猫一样快绝种了。所幸,今天我见识到一个,好歹,开了眼界。

然而,有一句话,我没有说出——我十分想建议这男人,先去找心理医生看看再去做。

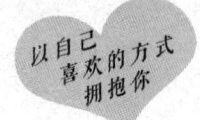

谁也不是谁的救赎

在时间面前,没有不败的人。在情感面前,没有高傲的人。在婚姻面前,如果,不能彼此慰藉,共度漫漫长夜,那么,谁也不是谁的救赎。

半夜,腹绞痛。

是那种仿佛有双手,将腹腔里的肠子使劲拧,如拧干衣服似的,将大肠小肠拧得皱巴巴没有丝毫水分的紧缩一团的痛。

一阵一阵。

痛袭击时,锁着眉,抱着肚,咬着牙——我知道,是急性肠炎,估计是吃坏了东西或者受凉了。

一整天,无法出门,没有太多气力做事,好在也没有需要立刻出门去做的事。下午单位要开会,遂打电话给领导,理直气壮地请病假。

不能吃,不能喝。一吃喝,肠道加快蠕动,更加绞着痛。

索性不喝不吃。

上午,连续接了三个电话,每个电话通话全在半小时以上。手机握在手中,像握着一块热火炭。

一个男人说:"我老婆出轨,我痛苦得要杀人。"

一个女人说:"半年前离婚,孩子归男方,现在不让探视,怎么办?"

一个女人说:"替朋友咨询,她老公不和她过性生活,究竟什么原因?"

这些问题,真让我晕。

我对第一个人说:"情绪要稳定。"

对第二个人说:"找律师解决。"

对第三个人说:"我不善猜谜。"

呵呵,都说人心叵测,人心到底是什么东西,让现代人呈现如此不同的激烈情绪呢?

前几天,用五个小时听一个女人的婚姻故事。她讲到情伤处,不停流泪。

她说:"恋爱就吵,婚后仍吵,但因性生活和谐,只好采用'床头吵架床尾和'的方式解决争端。可和好后,问题仍没解决,如此当夫妻十几年。"

终于,有一天,新账旧账翻出来,男人说:"你和我在一起时就不是处女。"

女人说:"你父亲禽兽不如,十几年前非礼我。"

激动中,他们大打出手,拨了110,叫了120,上医院验了伤。可闹腾完,婚姻仍维系。

直到十几天前,终于领了离婚证。不是夫妻了,可两人仍亲热成一团。

女人最后问我:"他爱我吗?他从来没爱过我吧?我们要复婚吗?"

这样乱糟糟的关系,细节生动,是写小说的好素材。

可第二天,这个受过高等教育的女人居然又打电话给我,要我别写她的故事。她还请求,你能不能找我前夫谈谈,以解我婚姻中的一些症结?

再好脾气,那刻,我也忍不住。

我嚷起来:"你凭什么把我当免费心理医生呀?"

下午四点,替朋友咨询的女人又打电话来,唠唠叨叨许久,一直问,是男人不对吧?他怎么能够不让他的妻子碰他呢?肯定外面有人了……

我终于不耐烦,说:"建议你的朋友找心理医生或者婚姻专家,不要找我。"

真的是晕。做了情感实录的专栏记者,倾诉者将我当情感垃圾桶。他们怎不想到,只有为了工作,我才愿意倾听。而不为工作,我干嘛吃饱撑的,耐心听这些无聊故事?

况且,今天我病着,还没吃没喝呢。

况且,我也根本没闹明白,在婚姻中,有完美无瑕吗?

人人心底都有暗疾,不说出口时,犹如鲜桃里的虫,日夜啃噬内核,只留表皮光洁给旁人看。

事实上,最常见到的是,在爱中,情由浓由深转淡转薄,生出无限怨恨,却始终不能戳穿真相——有时,真相是透明肥皂泡,彼此看得清里面的空茫,可"噗"地破了,没了阻隔,夫妻就成了敌人,彼此反叛——谁愿意接受这样明确的答案呢？

可不接受，行吗？世上，最难猜的是人心，变故最快的是情感呀！

在时间面前，没有不败的人。在情感面前，没有高傲的人。在婚姻面前，如果，不能彼此慰藉，共度茫茫长夜，那么，谁也不是谁的救赎。

可终究，有多少人清楚明白呢？

潇洒放手

当婚姻真的成了爱情的坟墓时，我希望，我们当初满怀爱情嫁的或娶的那人，一定要，心存善良。

日子过着过着，不知不觉间，他们居然把自己的婚姻过成了整天浸在洪水里扑腾，架在烈火上煎熬。

形同路人也就罢了，消了爱情，没了亲情，跑了友情，大家不相干，彼此像触摸不到的空气、紧握不住的风，在同一屋檐下，你进你的房，我出我的门。这样，至少承担了自己，再留余力承担共同生育的孩子——小小孩子太需要父母的疼爱。

可偏偏，连这样没质量、超常冷漠的婚姻，他们都无法维持。

他们是什么关系呢？他们是"敌人"。

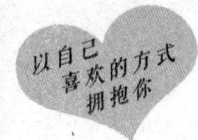

他常对孩子说起她,恶狠狠用三字概括:"坏女人!"

她常对女友说起他,义愤填膺也用三字说明:"神经病!"

一年过去,两年过去,黑暗长存,曙光未现。

随着时间缓慢推移,他们更加水火不容,且将婚姻内的一场场"战争"不断升级,愈演愈烈——好像两人结婚,不是为了相亲相爱、相疼相惜,不是为了全心全力经营一个温暖的家,共同养育孩子健康成长,而是为了绞尽心机彼此折磨,你痛苦,我就快乐。

终于,她提出离婚。

他撂一句:"好,我等你这句话已经很久了。"

她甩一句:"想轻松离婚,门都没有。"

他再掷一句:"我决不会让你好过。"

协议离婚不成,只好上法院。

在法官、律师的庄严面容前,他们开始"恶补"关于离婚的法律知识。

她说:"我要孩子,财产一人一半。"

他说:"孩子是最大财富,你要孩子,我得家产。"

毕竟,都没离过婚,都是第一次面对法庭,都没第三者,谁也不是过错方。

毕竟,家庭冷暴力日日存在,但这种冰寒彻骨的暴力,不是拳脚相向大打出手的伤痕累累,难以找到见诸阳光的各种证据。

法院将会如何判决,他们心里没底。

上诉期间,她不断想:离得成吗?如果离不成,还怎样过?离成了,带个孩子,没了房子,日子又怎样过?

他也不断想：即使离成，也让你脱层皮。

唉，这样悲凉的婚姻故事，听后心里真不是滋味。什么年代了，还有这样的生动情节？

然而，这样活生生的事例，生活中并不鲜见。

只是，旁观者永远爱问，难道做不成爱人，就非得做仇人吗？

做朋友，做陌路人，还是做仇人？这是一个难解的问题。

对一些男女而言，爱不是古典静雅的，不是只要付出不求回报的，不是潜流下的水浪，表面仅是无声——爱是在行走范围和所及视线之内的，是有形有体，像房产、银行卡一样；爱是即使疏离了，即使炙手了，即使寒心了，即使生厌了，即使仇恨了，仍是孩子习惯抓在手里的玩具，破了旧了坏了，还不肯丢弃。

婚姻彻彻底底失败后，做到潇洒放手，放彼此一条自由生路——你走你的阳光道，我过我的独木桥，对一些男女来说，有时真的很难做到。

所以，当婚姻真的成了爱情的坟墓时，我希望，我们当初满怀爱情嫁的或娶的那人，一定要，心存善良。

心存善良，天地自宽。

如果，对方不够善良，当初就该觉悟，誓死不嫁不娶。当初不能觉悟，现在也该幡然醒悟，离开那个人，自己温暖自己。

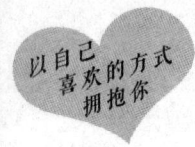

恶作剧

最看不惯的是，守老公像守金矿，没有风吹草动也要掀起滔天巨浪的女人。

酒至半酣，有人开始讲好笑和不好笑的段子。

坐我对面的A女士突然一会儿笑得如细雨袭花，一会儿又笑得花枝乱颤。笑姿骤歇后，她做个手势让大家禁声，然后绘声绘色道出了她亲自导演的一幕恶作剧。

一次，单位为慰问大家工作辛苦，组织外出休整一回。逛风景、住宾馆、吃风味，两天时间，每人都放松得不亦乐乎。

回程时间到了，车欲启动，同屋突然附耳小声说："晾挂在浴室里的内裤忘收了，要不要了？"

A女士立刻说："我帮你收吧。"

她匆匆下车，匆匆回房，匆匆将那小内裤从衣架上取下，团一团，捏在手中。下楼，来到车后，打开车后厢，正想将之塞进同屋行李包中时，却一眼瞥见，主任的行李包拉链只拉上一半。

"灵感呀！"A女士说，"脑中灵光一现，不知怎的，我就将那条美丽的、性感的、蕾丝的小小内裤，用最轻柔的手法，塞进主任包里，塞在最底层。"

大家顿时哄笑。有人拍桌大叫："这样绝对会害死人啊！"

A女士笑得尤其厉害，将叙述进行得断断续续——果然，车回到单位大院，主任老婆已在那里迎候。她接过主任的行李包。

单位人都知道，她回家的第一件事，肯定是把老公的每一件衬衣都要查过、嗅过，以一双火眼金睛判断有没有女人的影子曾掠过。或许，她还会把老公整个人细细搜一遍。

半小时后，忽听如雷的怒吼响起："这是谁的？出来，你给我出来！"

探头一看，院子里，主任老婆用一根棍子挑着那条内裤，像挑着一面旗。

大家涌出。心知肚明的A女士歪头看看那面鲜艳的"旗"，指着扫地阿姨玩笑说："是她的。"

阿姨抬头，莫名其妙，待明白过来忙说："我这么胖，一条腿都套不进去，怎么会是我的？"

听阿姨这样一说，主任老婆好像顿悟，一双愤怒的大眼只管往年轻、苗条的女士脸上轮流盯，似两把尖利锥子。看这位，像。瞧那个，是。

但吵闹半天，也没人承认是内裤的主人。

主任老婆像一只愤怒的青蛙，揣一肚子鼓鼓的气，冲进老总办公室，将老总整整"折磨"了半天。

"事后呢？"大家纷纷停箸，注意力无比集中。

A女士说："当然，大家都知道这是一出恶作剧，可谁也不挑破，

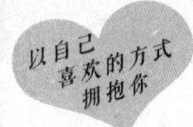

也不追究何人所为。只是，主任和他老婆至今百思不解：内裤如何到的包中？主人是谁？"

至于，主任如何脱一层皮的通过老婆审查，如何辩解，如何跪床头，如何表忠贞，不用问，同事用膝盖想也想得出。

哈哈哈，笑翻一桌人。

A女士说："最看不惯的是，守老公像守金矿，没有风吹草动也要掀起滔天巨浪的女人。不读书，不贤惠，疑心生暗鬼，好好一个男人，被这样的女人揉捏得英气全无。再说，男人即使想外遇，也没那么轻易就遇到的。无事生是非，醋海扬横波，可怜一个大男人，被一妇人日日'修理'得战战兢兢，累呀！"

我问："如此恶作剧，不是更'残害'这男人吗？"

A女士答："以毒攻毒，毒药有时也是良方。"

三个故事

在别人的精彩故事里，我们隔岸观烟火一样，看他们将自己的爱情燃烧成灰。

三个女人一台戏。不过，主角不是我们。

一个冬阳正暖的午后，捧一盅茶，我们在别人的故事里，深刻体会人生的无常和苍凉。

第一位叹了一声说:"刚与大学同学聚,她好惨呀!"

她的同学与老公不和,结婚多年也无法归于平淡。常常是,一语不对,便遭暴打。

一次,她的同学又被打,起因是男人心情不爽——女人削了苹果,切片,端到男人面前。

男人瞥一眼,开始嚷:"钱是辛苦挣回来的,苹果是花钱买回来的,皮削那么厚,你不是败家子是什么!"

一挥手,女人脸上一个巴掌响起。

他是有钱人呀,有百万家产,却吝啬一层苹果皮。

女人忍无可忍,提出离婚。

从去年底至今年8月,官司在法院进行。男人却时不时于半夜拿根绳子,从卧室走到客厅,再从客厅走到卧室,说要寻个钉子系上,好上吊。吓得女人夜夜不能眠。

经历近一年的折磨,打了近一年的"激战",婚终于离成了。最后的代价是,女人净身出户,没了房,没了钱,没了孩子。

唉,一样米养百样人。有坏男人,也有恶女人。

我说起前不久看的一则电视新闻:

男人出国打工,多年没回来,期间,源源不断往家里寄钱。女人却到法院报人口失踪。

据说,依据法律,人失踪四年后可宣告自然死亡。人死,婚姻关系当然解除,女人便"收获"了所有夫妻财产。

男人回国时,正值女人报失踪四年、法院宣告他死亡不久后。

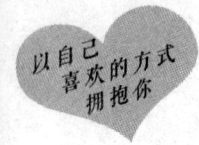

面对已是死人这事实,男人极度愤怒,起诉要求"重生",并获得在国外辛苦打工寄回的属于夫妻共同财产的一半金钱。可女人却在男人起诉期间,与他人结婚。如此,男人又起诉女人重婚……曲曲折折,闻所未闻。

第一位女人喝一口茶,说:"凄惨戚戚的悲情事儿太多,说个皆大欢喜的。"

第三个女人说:

A与B两对夫妻是常来常往的好友,A夫外派工作后,B夫常常帮助A妻。久之,两人情愫暗生,A妻红杏出墙。

事发后,A夫义愤填膺:"离婚,没商量。"

B妻与丈夫也好聚好散:"你既然不爱我,我就成全你。"

于是,B夫与A妻结婚。

因都有孩子,孩子是爹娘的心头肉,四人仍是扯不散的关系。

后来,单着的男女也合在一处,领了结婚证,过起甜蜜生活。

角色互换后,两个新家庭都还和睦恩爱。

最后,时间治疗创伤,相逢一笑泯恩仇——为了孩子,两家有商有量一起去买新房,做了友好邻居。

三个故事,三样人生。

自古以来,清官难断家务事。在别人的精彩故事里,我们隔岸观烟火一样,看他们将自己的爱情燃烧成灰——灰烬中,惨淡也好,重生也罢,似乎无关痛痒。

可是,却明白了一句话:在爱情中,遇见一个对的人,多么重要;在婚姻中,选择一个善的人,多么重要。

一片伤心画不成

明知结果是这样,为什么仍要义无反顾地刺进去?再假模假样认真探讨哪刀重创,哪刀致命?

酒席上闲谈,话题居然是,如果男人出轨,一是情人相伴,一是花钱买一夜风流,哪种状况对女人的伤害更大?

在座男人各抒己见,以男人之思揣度女人之心,有一种观点尤其铿锵:如今,"家外有花"现象已不是个别案例,有段子云,外面彩旗飘飘,家中红旗不倒。

与情人缠缠绵绵,是男人精神与身体的双重背叛;而找小姐,则是"我的身体不忠实于你,但我的爱情还在",与小姐的关系,是一手交钱一手交人的买卖,事后,银货两讫,云淡风轻不留痕迹。

所以,一是肉体背叛,一是灵肉皆出轨。当然,情人比小姐更可怕。因此,一男人斩钉截铁地下结论:两难择一,女人情愿男人去买春。

听了如此高论,我当时忍不住站起,大声说:"男人,别太自以为是,你们应该回家问问老婆,她能容忍你红杏出墙到什么程度什么模式?没准,话题才提起,你便床头跪了去。"

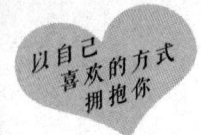

坐下,缓缓喝口茶,稍稍冷静,我笑了。用得着这样激动吗?红尘现世,男女性别本来就是南极和北极,就是冰和火,就是水和油。

我用筷子敲敲桌,慢条斯理心平气和发表我的看法:"一千个女人有一千种处理老公外遇的方法。"

有的女人装聋作哑,睁一眼闭一眼,以维持家庭稳定;

有的女人河东狮吼,让你内伤外痛齐受,正所谓吃不了兜着走;

有的女人甩你没商量,"要么我走,要么你滚,一拍两散,离婚,再不想见到你,"宁愿"眉翠薄,鬓云残,夜长衾枕寒"……

在我看来,情人是一种移情别恋。或者,爱消失,你不再爱我;或者,爱黯淡,褪色,不再如昨;或者,男人真想"一日看尽长安花",爱老婆同时念叨别的女人;或者,审美疲劳……

诱惑在前方,温柔乡在前方,美人在前方,适时适地,一头栽进去,乐不思蜀。当然,这时这刻,情感转移和分配,身体在与不在,不论如何,对家中为你生儿育女的那个女人,都是深深的伤害。

但花钱找小姐,终极目的仅仅是解决身体需要,那仅仅是一种生物行为。

当一个男人,抛开附属于他的全部的社会性,抛开他的学识、信仰、情感、涵养,仅留赤裸裸的身体欲望,这绝对是一种堕落!

"爱情"这两个字,有多少分量,谁也说不清。爱情中的责任和义务,究竟有多重,谁也说不清。爱情中的忠诚——精神的忠诚和身体的忠诚,应该达到什么高度,同样,谁也说不清。

只是,我想,对于我来说,一个男人去买春,爱上买春,这个男人,即使再优秀,我也不要。因为,那是一种脏,不仅是身体的脏,还是精神的脏。

"世间无限丹青手，一片伤心画不成。"情人和小姐是两把刀，一刀是伤，另一刀还是伤。明知结果是这样，为什么仍要义无反顾地刺进去？再假模假样认真探讨哪刀重创，哪刀致命？

唉，男人呀。

真实就像一盏茶

结婚是放下"瓷器"最合适的时间，婚姻是放下"瓷器"最合适的地点。

恋爱的时候，99%的男人总是会做许多口是心非的事情。

比如，绅士十足地陪她去唱歌跳舞。迷离灯光，轻舞飞扬，欣赏着低声唱情歌的她，注视着拥在怀里安静的她，不说话也幸福。

比如，殷勤地请她去吃披萨。披萨、浓汤、薯格、冰淇淋点一堆，塞进嘴里却少，瞧她胃口很好的模样，满心欢喜。

比如，惊讶她偶尔玩香烟。此后吸烟前，不忘递过一支，看她姿势优美地吸一下吐一口，认真地说："你抽烟的样子真好看……"

结婚了，蜜月才过，他忽然如释重负地坦白："我一点儿不爱唱歌跳舞；我最讨厌西方快餐；吸烟的女人，怎么看怎么别扭……"

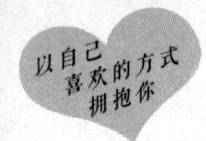

自此,他和她不再 K 歌飙舞,不再手拉手去吃汉堡。他照旧吞云吐雾,她本来就没烟瘾,轻松戒了。

婚前婚后,男人待女人,从举止到观念根本是天上地下,每一个围城中的女人,都有或深或浅之感受。

我一位离了婚的女友,更是经历丰富。她说,离没离简直太不一样了。她笑笑举例——

"我是他老婆时,上街购物,我提大包小袋落在后面,他牵孩子说说笑笑走在前面。我好累呀,他根本没感觉,我觉得我真是'天使',被他天天使唤。"

"我买回一件衣服,兴奋无比地穿给他看,他要么敷衍一句'还行',要么撇撇嘴。更有甚者,没好气嚷:'你已经是孩子他妈,那衣服露胳膊露肚皮,你也敢穿出去?'仿佛我晋升成男人他妻孩子他妈,就该将自己裹得严严实实,不能再展露风情和性感。"

"没想到,离婚了。他偶尔来看孩子,总带孩子出去逛一逛,为孩子买套衣服买些零食,这时,他常常请我作陪。每次,逛一圈,吃一餐,提大包小袋回去时,提东西的从此不再是我。"

"一次,看见橱窗里有一件小吊带,他突然停住脚步,扭头对我说:'这件衣服你穿一定漂亮,我买了送你好吗?'我听了气不打一处来:'不是你老婆,就可以穿清凉装了?'"

哈哈哈,不等女友说完,一帮女人笑成一团。

但仔细想想,男人善变,女人在指责的同时,却不得不承认,此一时彼一时之男人,都是真实——这份真实就像一盏茶,用恋爱的热汤冲泡时,则香醇扑鼻,用婚姻的凉水浸润时,则淡而无味。

一位男友说:"爱情像瓷器,天天捧着、抱着、背着,劳力劳神,好不容易熬到'骗'得美人归,还不赶快放下?结婚是放下'瓷器'最合适的时间,婚姻是放下'瓷器'最合适的地点。如果这时不放下,用漫长的一辈子来做举重运动员,岂不累死、烦死、郁闷死?"

武侠小说家古龙曾经说过:"没有女人冷冷清清,有了女人鸡犬不宁。"古龙这样看女人,不知代表了多少男人的心声。

进入婚姻的屋里,男人松口气,将爱情放置一隅。偶有闲情时,抚拭、察看、回味,更多时候是视而不见,让其蒙尘。

纵使成了"他人妇"的女人满心不甘,也只能从"掌心中的宝"质变为尘埃里的泥,要想竭力从尘埃里开出一朵花来,太难。

只好认命。

婚姻如瓷

人生在世不过几十年光阴,如女友把美好年华耗在一个根本不值得爱的男人身上,是她所做的再愚蠢不过的事。

一个曾经美丽、现在还很美丽的女友来电话告诉我,她又准备离婚了。

听了这消息,我如一潭静水的思绪,像被丢进一颗小石子,荡漾

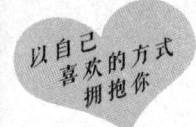

出几波涟漪后,又平静如初了。

这年头,一对对新人手挽手兴奋地去领取结婚证,一对对旧人又一前一后沮丧地以结婚证去换离婚证,已是稀松平常的事。

女友的第一次婚姻,应了那句"初恋时,我们不懂爱情"。

因为不懂,则是错误。

第二次,她明白了什么是爱,也懂得怎样去爱了,然而,又一次遇人不淑。男人娶了她后,就如张爱玲所说:"他把他的俏皮话省下来说给旁的女人听。"

如此,她怎能忍受?虽然周围许多家庭也是这样。

女人不指望一个男人把自己娶回家后,仍然视自己为珍宝。问题是,她的男人不断将他的爱之网撒出,网上来一条鱼、一个贝壳甚至一只虾米,统统都是胜利品。

无奈,经过泪流满面的痛苦,以及跟踪、调查、吵架、打架、哀求,一个女人所能想出的、对付变心男人的温柔和愤怒手段她都使用上了,还是无法改变男人的"博爱"思想,她只好准备再一次做个单身女。

絮絮叨叨倾诉后,女友问:"离婚后,我还有勇气第三次步入婚姻的围城吗?"

我无语。

这年头,很多人的婚姻越来越像美丽光洁的瓷器,能远观,能小心翼翼握在手里把玩,就是不结实,一不留神就可能碰破。

碰破后,如果只是几个小裂缝,或者破成两三块,还可以黏合,就像鸡蛋清可以黏合瓷器一样。黏合后,外表难以看出裂痕,内在的伤痛只有自己知道。但如果碎成一地，纵是巧手，也回天乏术了。

作为旁观者，我们一向会潇洒地说：旧的不去，新的不来。新的来不来是未来的事，问题在于，放弃旧的，对于许多人来说是无比艰难的。

搬了无数次家，最头疼的常常是，杂物怎样处理？

旧家具，孩子不玩的玩具，八成新但难得再穿的衣服，甚至一把衣刷，一块搓衣板等等，留着，一年半载不会多看一眼，却把一个新家弄得新不新旧不旧。丢了，何时仍然需要谁也没有把握。

失败的婚姻是不是也是这样，犹如鸡肋，食之无味，弃之可惜？

然而，人生在世不过几十年光阴，如女友把美好年华耗在一个根本不值得爱的男人身上，是她所做的再愚蠢不过的事。

家是同心同德的夫妻共同创造的安乐窝，离了心的夫妻，为什么还要固守在一起呢？

欣赏女友快刀斩乱麻的果断，在无计可施、无路可走时，改变生活道路是最明智的选择；

欣赏女友在经历了两次很彻底的失败后，还能满怀希望憧憬第三次不可测的未来。

只是想劝她，在世界五颜六色的诱惑面前，要找到一个能够真正爱自己、适合自己的男人并不是太容易。如果她想再进围城，得睁大眼睛，并且，动用所有的人生智慧。

爱的技巧

爱一个人,要说出来,要明明白白说出来,而不要让对方心存疑惑去思索:他到底爱不爱我呢?

"五一"小长假前,朋友殷切地对儿子说:"带你去旅游吧。"

儿子一抬眼皮:"不去。"

"为什么?"做老爸的他猛然一愣。

"和你出去总是挨训,不如待在家里。"儿子垂眼回答。

朋友是位有一定官职的人,他总认为自己四十不惑,看透世事,而儿子稚嫩无知,需要时时教导。

朋友管理几百号下属轻轻松松服服帖帖,可在家里,儿子就是不买他的账,父子关系只是父子关系,难以轻松活泼地相处,因为儿子认为他严而不慈,无法沟通。

他如是说:"我掏心掏肺爱儿子待儿子,他却见我如老鼠碰到猫。"

我问:"你告诉过你儿子你爱他吗?"

"哪有父亲不爱儿子的?他会不明白我爱他?"朋友似乎不屑回答这个小儿科问题。

我笑了，端正坐姿，开始长篇大论教导他，这就是国人的通病了，我们往往将自己的爱付诸行动中，以为对方会在这些关怀里感受到我们的爱，殊不知，角度不同，知识储备不同，看问题就会不同。

想想我们小时候，家里兄弟姐妹一大堆，父母整日忙工作，他们竭力让我们吃饱，让我们无忧，但就是从来不对我们说爱。

于是，我们这代人在小时候，甚至在长大成人后，仍有不少人抱怨父母根本忽略、不重视我们的童年。

我有一位朋友就偷偷告诉我，她小时候常常被一个问题折磨："我到底是不是父母亲生的？"这个问题折磨得她几乎得了忧郁症，直到长大自己当了母亲，她才恍然明白，父母是爱她入骨的。

我说："爱一个人，要说出来，要明明白白说出来，而不要让对方心存疑惑去思索：他到底爱不爱我呢？当说出'我爱你'后，在爱的氛围中，沟通将变得容易。"

朋友若有所思。

我继续说："基于爱，我们会比平时宽容许多，互相理解许多。"

朋友插话："道理明白，但一个大男人常把'爱你'挂嘴边，多肉麻呀！"

我问朋友："你有多久没对老婆说'我爱你'了？"

朋友挠挠头："老夫老妻的谁还说那个？说这三个字，不仅肉麻，连恶心的感觉都有。"

我皱起眉，问朋友："知道一条爱情定律吗？就是：不要和女人讨论是送她玫瑰花，还是拿这钱去吃一顿好的。如果女人想要花，就送；如果女人想要甜言蜜语，忍着恶心，就说。

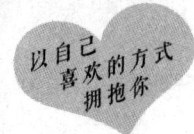

"事实证明,这条爱情定律真的是非常立竿见影出效果的。

"试试这样做:和老婆吵完架,先对她说'我爱你';然后分析说'我是对的,你错了'。我保证,你老婆多半会立刻举手投降,而不再继续憋着在你看来是无理取闹的闷气。"

其实,我们心底都明白,爱是上天赐给我们在人世间的最好礼物。为了爱,我们可以不管不顾,我们可以要死要活,那么,为了爱,我们为什么不能学习一些爱的技巧呢?

比如,拍拍肩膀——我很重视;给个拥抱——我们亲密无间;认真倾听——我在意你;衷心赞美——谢谢你为我做的一切……

然后深情地说,我爱你。

呵呵,这样的情感生活,不是比"一切尽在不言中"更美好吗?

自己赚钱买花戴

她开始明白:靠自己,让自己坚强,远比寄希望于男人,来得更重要。

"如今,我最大的梦想是,我不怕吃再多的苦,只要老公不发无名火就行。"电话里,她简单说了她的故事。

立刻,我决定做她的采访。可是,她没有时间。

"我中午只有一小时吃饭休息的时间。"她又说,"来厦门六年,我只在上班和住地两处转,没有时间到你约的茶楼和咖啡馆。"

这个电话之后,每天,我都给她打电话,她每天都对我说:"今天我加班。"

最后,采访无法再拖时,她问:"能不能请你来我上班的地方?我晚上要加班到八点半,但晚上七点后基本没大事,可以接受你的采访,你坐车到某地点,我去车站接你。"

如此,盛夏极其酷热的傍晚,我晚上六点从家里出发,坐一小时公交车到达某地点。下了车,我给她电话,告诉她我的模样和穿着。

她说:"马上到。"她说的马上,其实是25分钟。

站在公交站站牌下,看着身边来来去去打工模样的人,我打量他们,他们也打量我,彼此目光带着好奇。

终于等来她,我们一起并肩步行。走了25分钟,走到我全身汗津津时,抵达她上班的工厂。

工厂很大,一栋栋厂房方方正正地卧在苍茫的夜色里。

"食堂有空调。可是,食堂有人在打扫卫生,不方便交谈。"她想了一下,问我,"坐电梯里,行吗?"我说:"行。"

她将货运电梯升到二楼,停住,电梯门敞开。电梯门外是阔大、黑暗的车间,车间门窗紧闭,空无一人。

在狭小的半封闭的电梯里,我和她各坐一把椅上,我将采访本摊放在膝上,她开始缓慢讲她的故事。

两小时里,头顶的小风扇不停运转,小小的、热热的风,不停吹向我,我感觉无比闷热。没有水,我和她没有喝一滴水。

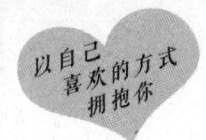

采访结束后,我请她送我到大路上。这处城乡结合地,这片工业区,对我来说的陌生之地,我根本分不清东南西北。

回到家,是晚上十一点,极累。

第二日晨起,我的头微痛,大概中暑了。

一早有短信来,内容如下:我是厦门女孩,今年23岁。我真恨母亲,她好自私,她为自己的爱情,害得我变成低智商的女孩,她害我连工作也找不着。

这短信,连发10条,条条一模一样,以至于到最后听到短信铃响,我都不禁会哆嗦一下。

中午,我又收到一条短信,内容如下:初恋是终身难忘的,婚姻又是一种责任,工作又出了意外。好累,真是身心疲惫。

作为一名记者,我经常收到这样莫名其妙的短信,经常听人讲述绝对隐私的情感故事。

白日忙碌,陀螺一样工作。

晚七点收工时,头疼欲裂。回到家,是晚八点。没胃口,煮一包香辣牛肉方便面当晚餐,边吃边想,千万别真的中暑,不然,明日上午要写好在货运电梯里采访的故事,能够有精力、体力吗?

临睡前,我想,在厦门这块热土上,有无数与电梯里的讲述者一样来此打工的人,他们在这举目无亲的城市,心里是多么渴望亲情、友情、爱情,渴望婚姻的温暖……

然而,他们面临重重困惑——走出家乡的狭小视野,进入特区的广大天地,随之而来的是观念变革,是对原有生活状态的重新审视,是对生活品质要提高的迫切希望。

就像她，打工多年后，她的"嫁鸡随鸡"观念逐渐淡薄，她对丈夫的要求，已经从"我可以做给你吃，洗给你穿，只求你别喝醉，别乱发火"，演变到越来越强烈渴望婚姻中的爱和体贴。

当一次次失望后，她开始明白：靠自己，让自己坚强，远比寄希望于男人来得更重要。

采访时，我告诉她："自己赚钱买花戴，是无论哪个阶层的女人都应该拥有的生活态度。"

男人若花心，女人请绝情

女人在遭遇情变、婚变时，何苦死缠烂打，何不好好爱惜自己，何不好好保护自己，以自尊为自己的依仗呢？

一天里，收到两条短信。

其一：下面是我老公发给我的短信：老婆我爱你，我不会放弃你，不过我爱你的同时又爱上她，这真对不起你。但我是有底线的，就是要她尊重你，不能有敌对的思想，我也希望你不要太折磨自己好吗？你是好人，菩萨、神明和我爸都知道，我也很感激你，我会加倍努力把经济搞上去，我也力争少伤害你。

对于这样的老公，我该怎么办？

其二：你好，能否给我个建议，像我老公要同时拥有两个女人咋办？我又离不开他，同时又嫉妒他跟另一个女人交往。他说对我感情很深，也喜欢外面那个女人。此时我的心非常痛，不知咋办。

这件事只有我们三人知道，能否给我个建议，谢谢你。

这两条短信，读后，让我心压抑，让我无言——纵使发信人非常信任我，非常渴望得到我的指点和帮助，而我，有良方给她们吗？

我没有，我开不出治疗情伤的好方子。

如今，我越来越不明白了，为什么一些男人有钱就变坏了呢？

相濡以沫的日子，糟糠之妻不下堂。富贵在眼前时，为什么男人不能与女人共享呢？为什么非得折腾出一个"小三"来呢？而且，在坚决捍卫家里"红旗"不倒的前提下，还说什么"要她尊重你""那是爱情"等等让人齿冷的话呢？

我只能说，"小三"永远是男人的佐酒小菜。

佐酒小菜，自然上不得台面。而女人，为什么放着主食不当，非要情愿将自己沦落成一小把瓜子、一小盘开胃萝卜、一小碟花生米、几段煎鱼干呢？而男人，为什么非要当馋嘴的猫呢？

或许，这是人性的问题，这也是人生的问题。

婚姻中的烦恼，说不尽，道不明。我能说的，仍然是，作为女人，无论富贵贫穷，自己一定要扛得住。

如今，在柴米油盐的婚姻中，一方出轨的案例早是"太阳底下无新事"，总是一方哭诉，另一方执迷不悟。于是，伤害一重接一重。

这样的案例里，我很害怕看到女人歇斯底里的反应：大哭大闹，威胁上吊，鸡犬不宁，家宅不安……仿佛，曾经相濡以沫的夫妻，眨眼就从枕边人变成仇人。

我也很害怕看到女人死缠烂打的反应：自尊全失，苦苦哀求，以眼泪为攻势，以柔弱为武器，只要他能回头，她愿意咽下所有委屈……仿佛，曾经相亲相爱的情侣，眨眼就变成奴隶和奴隶主。

如今，是个时时处处讲究男女平等的时代。这个时代的女人，如果仍像旧式小脚女人一样，将自己对生活的全部设想和全部希望，牢牢维系在一个男人身上，不是不行，只是，危险指数过高——

首先，你仰仗的男人必须是个好人，懂得感恩和报恩；

其次，他必须富有家庭责任感，肩负起家庭建设的重责；

第三，他必须具有一颗不变的心，能够与你恩爱到老。

这样的男人，碰到了，是女人天大的福气。但一个"碰"字，在万丈红尘里，在人流如织中，需要多少机缘啊！

如此，我们常常见到的是，幸福的婚姻都是相似的，不幸的婚姻各有各的不幸。

如今，在很多女人心里，爱情高于一切，爱情比尊严贵重得多。然而，张小娴说过："当一个男人不再爱他的女人，她哭闹是错，静默是错，呼吸是错，活着是错，死了还是错。"

这话，多精辟！

因而，女人在遭遇情变、婚变时，何苦死缠烂打，何不好好爱惜自己，何不好好保护自己，以自尊为自己的依仗呢？

男人若花心，女人请绝情。有时，这是女人"柳暗花明又一村"的一条出路。

第三辑

如菊女人

身为女子,在这时代,要有内心的博大和安稳,才能穿越生活的种种迷障,才能穿越年龄的种种流光。

美 女

我喜欢如沐春风的女人：随意，放松，亲和，诚恳。我不喜欢生硬无趣的女人：以为是美女，就该有美女的待遇；或者，不幸生而不美，却不能听一声"不美"的议论。

向来不认为自己是美女，年轻时也不这样认为。

年轻时写诗，有人当面说："写诗的女人都不美。"我遂呵呵笑着点头。

反正不美嘛，乐得缺心眼似的，整日阳光灿烂地笑。

当然，也曾有男生辗转试探，一次又一次，最后恨恨问："怎就不明白？"当然不明白，不美呀，怎么有男生喜欢呢？

这样无知无觉，青春转眼逝去。意识到自己也有些别样风韵，竟是到了世事洞明时。

这时，能够笑谈风月；能够不拿自己的美不美当一回事；能够高兴时细细打扮自己，放松时素面朝天去见人；能够对自己心知肚明；能够把握自己，像把握自己的钱袋。

有个女友诉说这样的苦恼：身边，有个女人对她怀有莫名敌意。开始时，百思不得其解。然后，处处针对。最后，退无可退时，针尖

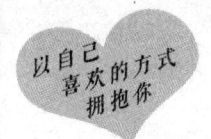

对麦芒。再后，彼此竟不说一句话。

前两日，偶然场合，有人对我揭开两女失和之谜底："你女友私下说过，那个女人不美。"

一听这谜底，我睁大眼，傻愣半天后，哑然失笑。

说这话的人指责我的女友："不能说一个三十多岁还未出嫁的女人不美，这话太伤人。"

我便去问女友这事的起因。

女友皱眉想半天，也想不起有无说过此话。

女友说："退一步，即使我在很小范围里悄悄下过这结论，也没错呀！她真是不美，至少在我看来。"

紧接着，女友反省自己：

在这个处处是"美女"，连老妇人都被尊称为"资深美女"的时代，我为什么不能厚道地将"美女"帽子送给她呢？

如果这样，哄得她高兴，是不是就没有我们之间的不和？可是，仅仅听了一句传言——"不美"，就大受伤害，就横眉冷对，就处处为难。这样的女人，能称"美女"吗？

而我，则一向以为，活在滚滚红尘里，谁不说人，谁不被人说呢？传言只是传言，认真追究，认真对待，只能把自己折腾得累。

身为女人，容不下"不好听"的话，不能将"不好听"的话当耳边风，让之消逝无踪，而是像老牛反刍一样反复咀嚼，只怕是，人累，心累，美的人要不美，不美的人要更加不美了。

我一向认为，女人之美，分容貌与心灵。

容貌乃天生，父母赐给，美与不美，皆应坦然接受。心灵乃修为,依靠自己:读书则秀,阅历则睿,大度则雅,平和则娴。

容貌与心灵,相辅相成。佛说过,相由心生。对美女的定义,男人和女人的看法不同,女人和女人的看法也不同。

我喜欢如沐春风的女人:随意、放松、亲和、诚恳。

我不喜欢生硬无趣的女人:以为是美女,就该有美女的待遇;或者,不幸生而不美,却不能听一声"不美"的议论。再说,笑谈由人,我且自在——这是女人该有的生活态度。

我的身边,历来美女如云,每人有每人的好:或素面,或浓妆;或精致,或粗放;或低眉,或昂首……她们的风采、风情、风韵,让我觉得,自己是个有福之人。

与有一颗平和心的美女相处,养眼,养心。

女人的香奈尔与作家的杜拉斯

时光流逝,将来漫漫,我们需要借助他人的书写,看见自己的伤口和痛,以此铭记。

"五一"期间,买了两本书:《香奈尔与斯特拉文斯基之恋》《杜拉斯传》。

在书店站着翻阅时,克里斯·格林哈尔希的文字立即吸引了我——对于我，一本书的文字魅力常常胜过故事情节，我常常会着迷于一个词的奇妙和一句话的张力。

当我随手翻到第六页，读到以下文字：一切情形犹如镜子里的图像一般生动，又像灿烂的梦境一般弥漫。在这最后的清晰中，她想起了他俯身亲吻自己，漆黑的双眸栩栩如生。她喃喃低语："原来如此！"

我的心一动。我仿佛看见香奈尔弥留之际的最后时光：她的脸庞已经走形，一片黑暗，一切皆空。

我叹一声，买了书店里最后两本《香奈尔与斯特拉文斯基之恋》。我打算将其中一本送给一位女友——香奈尔是她永远的偶像。

用一天时间，读完这本以小说笔法写香奈尔的书。

合上书时，一段跌宕起伏的情缘、心旌摇曳的激情在我面前清晰展现。

我感觉，我越发喜欢香奈尔了。喜欢她，不因她时尚优雅，努力奋斗，而是书中说——

她对爱有一种深深的需求，对情欲也有坦荡的渴望。可她清楚，在这些需求中充满了另一个同样深埋的心愿，那就是，永远别再受伤，永远不要再依赖任何人、任何事情。一旦需要，她能够独自应对。

迄今为止，她已经在生活中百炼成钢，拿得起，放得下。她知道自己的坚强，也相信自己的才华。

这样的女人，百炼成钢，百炼成精，在我的意识里是女人的极品。

而杜拉斯，她的文字诱惑，于我，永远摆脱不了。

记得有评论说："杜拉斯作为一个女人，你可以爱她，也可以恨她；而作为一个作家，她的艺术魅力则无可抵挡，是不朽的。"

所以，我爱的是，女人的香奈尔与作家的杜拉斯。

"我已经老了，有一天，在一处公共场所的大厅里，有一个男人向我走来。他主动介绍自己，他对我说：'我认识你，永远记得你。那时候，你还很年轻，人人都说你美，现在，我是特地来告诉你，对我来说，我觉得现在的你比年轻的时候更美。那时你是年轻女人，与你那时的面貌相比，我更爱你现在备受摧残的面容。'"

这样的文字，除了杜拉斯，有谁写得出？

简单、直接、钝重、激烈，仿佛强烈的冲击波。

对文字，我很痴迷。一些字与字组成的巨大力量，能够像子弹一样，直接击中我的心脏。而对杜拉斯的文字，年龄愈老，愈有深刻体悟。仿佛，度过时间的河，走进繁茂森林。

杜拉斯说："文字有时能解救、能释放、再现潜伏在我们体内的疯狂，让我们在这无情的世界和摧毁一切的时光感通中得到安慰。"

读香奈尔与杜拉斯的传奇经历，我又一次感觉到——

尽管，书本不能改变生活，但一些文字可以触及灵魂、拯救灵魂；

从他人身上，可以折射出我们所思与所想、所信与不信。

时光流逝，将来漫漫，我们需要借助他人的书写，看见自己的伤口和痛，以此铭记。

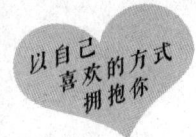

清凉的光

这样的女子,沉静,从容,宛若一束清凉的光。即使尘世有再多的疼痛袭来,她留给自己的,仍旧会是一片空阔明朗的天地。

右手食指指甲盖上,一粒黄豆大的瘀伤已经很久。圆形,暗黑。

她每日端详,不断揉捏。秀气的一只手,因这伤,伸出时显得触目。

一日热闹饭局,坐在这只手边的男人突然问:"手怎么了?"

"不小心被铁门夹了。"她淡淡回答。

男人不语。

她看他一眼,发现他目光仍在她的伤手上,满眼是关切。

下意识地,她看了看自己的左手食指。左手食指指甲下方,一道月牙似的白印在提醒和说明一件往事。

那年的那天,整整三十多个小时未眠后,神思恍惚中,她去开冰箱门,想以冰镇果汁解渴。

不知怎的,两个盛着剩菜的玻璃碗和一个开口的铁皮香菇肉酱罐头轰然跌出。

她猛地由蹲而站起，吃惊地望着一地狼藉。

忽然，一滴鲜红的血落在地上，接着，第二滴、第三滴、第四滴……她歪头看看左手食指，食指红彤彤的。

她下意识地举起左手，慢慢走进卫生间，在镜子前看看自己苍白的一张脸，看看举着的手臂，血线蜿蜒如蛇已到臂弯。她将手臂放下，食指垂直正对马桶，血一滴一滴，滴到马桶里。

看着看着，突然她就害怕了，扯一大团卫生纸压上食指。一会儿，纸被血泡糊了，她将满是血的纸团撕下，扔进马桶，再扯一团纸。血泡糊后，再扯一团。

这时，她感到疼了，是十指相连钻心割肉的疼。

疼痛从左手食指起，食指的一根神经敏感，像脉搏似的突突跳跃，是跳劲舞的那种激烈节奏。

她的害怕感加剧，用右手紧紧压迫左手食指。

终于，血不流了。伤口肿胀，细察时，一道月牙儿似的割口，齐齐整整，深入到皮下肌肉中。

她到客厅，坐在地板上，打开装药品的那个抽屉，缓缓打开一瓶碘酒，用棉签蘸了少许，轻轻涂抹伤口。

很疼很疼，她有一种想从地板上跳跃起来的感觉。

她撮起口，呼呼吹着。然后，从抽屉底部找出一块创可贴，紧紧缠牢伤口。

回到卧室，斜倚床头，疼竟从心里生出，是那种忍受不住的疼。一波一波，一波一波。她以右手五指抱左手食指，泪如小溪从眼眶汹涌而下。

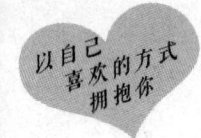

冥冥中，积怨和不快，伤心和伤害，失望和绝望，就这样，随肉体的尖锐疼痛和鲜血的汩汩流动而流失体外。还剩什么残留心底？

光阴流逝，人事皆非，时间是一剂最好的止疼药。渐渐地，她明白，没有熬不过去的痛，没有走不过去的火焰山。

她依然眉带温柔，唇含微笑。只是，她不再是伤痛之前的她。她已经脆弱自知，坚韧如草。

这样的女子，沉静，从容，宛若一束清凉的光。即使尘世有再多的疼痛袭来，她留给自己的，仍旧会是一片空阔明朗的天地。

错误观念比没有观念更可怕

对于身体，我们都知道，身体是革命的本钱。但我们不得不承认，我们真的了解不多。身体就像佛经所说的"无明"，常常令我们有"不知因不知果"的困顿。

对世界，我们了解多少？

对自身，我们了解多少？

这日，一帮女人聚在一起喝茶聊天，听到这样一个笑话。

说笑话的人说，

一位爱美的女人，被称为"妖精"。

因为是"妖精",她自然关注迷人的容颜和体形。可是,岁月不饶人,她还是开始衰老了、长斑了、掉发了,便去做激素检查。

"妖精"公布检查结果时,在办公室,一伙女人谈激素像谈男人一样眉飞色舞。

这时,走进一位部门领导,听一句半句后,突然大笑,其笑容、笑姿,像狂风刮过田野。看他抱肚弯腰,女人则集体纳闷。

部门领导笑得上气不接下气,指着"妖精"说:"你,你,有,有,雄性,激素……什么意思?"

我们当时集体瞪大眼,盯着讲笑话的人继续说下去。

说笑人以好笑的表情指着自己的鼻子说:"我,我,也有,雌性激素?哈哈,哈哈。"

她语无伦次。

半天后,我们才明白,此大男人对于激素的一贯概念是,雌性激素只存在女人身体,雄性激素只存在男人身体。人体有雌雄两种激素,这人必是雄雌不分之人。

呀,40岁的男人,大学学历,在媒体混迹近20年,怎么说也是有文化之人,却持有如此错误的观念,真让人长吁短叹。

一日,去国外读MBA后回国工作的女友,打电话来说,她好像怀孕了。可一切正蒸蒸日上,猎头公司已开价高昂月薪,怎能放下大好前景安心当妈去?况且,得过感冒,吃了许多药,孩子不能要。

种种理由之后,发现才怀孕四十多天,可以"药流"。

我便带她去找熟悉的妇科医生。

谁知,医生一查,胚胎太大,已过"药流"时间,得手术。

女友满面困惑:"不可能,绝对不可能!"

女友与她的老公两地分居,一人居一城,难得一聚。她回忆说:"老公探亲,最后一次在一起同房是四十多天前。"

我的妈呀!

我像看大猩猩一样看她,问她:"难道你不知道孕期是从最后一次月经来潮时的第一天开始算吗?"

她大声叫:"怎么这样算?怎么能这样算?我一贯认为,是从播种那天算起的呀!"

MBA毕业的女友,因根深蒂固的错误观念,乖乖进了手术室,做了人流手术。

日常,对于我们的身体,医生了解得最多。除医生外,我们常常困惑。

记得大学第一年的《人体解剖生理学》期末考试,面对名词解释"月经"这题,我将之空了——概念没背熟,不知用什么精确文字来说明女人的这一生理现象,来说明这一月月发生在我自己身上的生理现象。

对于身体,我们都知道,身体是革命的本钱。但我们不得不承认,我们真的了解不多。

身体就像佛经所说的"无明",常常令我们有"不知因不知果"的困顿。然而,这些细胞、骨骼、肌肉、神经、血液、皮肤,奇妙组合成活生生的我们,使我们生长、衰老、感受、体验、快乐、痛苦,使我们生如夏花之绚烂,死如秋叶之静美。

我们有什么理由不热爱我们的身体呢?

只是，爱的方式要正确。因为，错误观念害死人。因为，错误观念比没有观念更可怕。

此结论，放之四海而皆准：工作、家庭、爱情、友谊、奉老、育儿……皆真理也。

不可问

我只想，一个女人，能将自己修炼为——即使遭遇苦境，也能心平气和，也能善处自乐。这样，就很好。

女友在电话里说："心里难受。"

我忙将斜躺沙发上的慵懒身体摆正，急切问："病啦？被上司训了？爱上谁或被谁爱上了？"

她说皆不是。

我说："那还烦什么，初夏明媚，阳光灿烂，正是美丽好时节，好好享受生活吧。"

搁了话筒。

电话铃声又响。拿起。

电话那头，女友幽幽怨叹："我昨晚一人去酒吧，喝着喝着，心里堵得慌，有些迷糊，开不动车，回不了家，只好叫老公来接。"

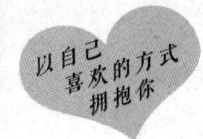

昨晚，我一直在想，我一直想不明白，人活着到底为了什么，活着的意义何在？"

呀，这绝对是个重大的哲学问题。

我不是哲学家，也没深入研究过佛理。对这问题，我一贯的态度是，不可问，不可想，不可究，不可说。

余暇，几位女友常聚，吃饭、闲聊、玩乐、互相帮助。

女人的生活中，女人与女人的情谊，犹如空气，不可缺失；犹如水，滋润心肺。

日常，大家总将身体问题交给当医生的张，将情感问题交给心理学专业毕业的我。

我责无旁贷承担起了"教育"女友学会快乐的义务。

我是这样教导她们的：

"想想她：婚姻破裂，焦头烂额，一个离婚官司打得漫长、热火朝天，与老公分财产、争孩子，肤色黯淡、面容憔悴。

"想想另一个她：单亲妈妈带一个孩子，日子过得像打仗，上班、写稿、学车、买菜、做饭、拖地、洗衣、关怀孩子，每一件事都亲历亲为，不做就没得吃。

"想想再一个她：老公红杏出墙，欲将美丽部下泡成老婆取代她，常作痛苦状对她说：'我不爱你了，我爱她了，你把我拴在这个家里干什么？'"

"想想别人对比自己，看看你吧，家庭稳定、老公不错、孩子可爱、婆婆管家、保姆帮忙、金钱不愁、饭来张口……"

事例一一举出，话语一串一串，都是"身在福中不知福"的"恶狠狠"提醒。

可那日电话女友沉默一阵后，仍固执地说："这些我都明白，但你能告诉我，活着是为了什么吗？"

活着是为了什么？我无语，我没有标准答案。

日前，从北京"漂"去海南，在天涯海角已居住一年的一位女友发来短信，说她近来开始研究佛教的一些知识。

这位名牌大学中文系硕士毕业的女人，娇小瘦弱，但聪明智慧。经过海南的烈日洗礼后，她说："一个人在旅途，了解到自己没有太好状态；感悟到人生没有圆满——但女人的一生，没有受到太大伤害，就是有福了。"

是呀，有福没福，自己体会。

古人早说："无病之身，不知其乐也，病生始知无病之乐；无事之家，不知其福也，事至始知无事之福。"

我们统统是俗女一个，要容貌、要才华、要爱情、要金钱，贪心多多、欲望多多，做不到先知先觉。但人活一世，事经百态，总有一天，红颜渐老，总该努力做到镇定其心吧。

心定，才能应一切之变。

滚滚尘世中，生命的终极意义何在？

探究追问对我们此等女人来说，必要性似乎不大。我只想，一个女人，能将自己修炼为——即使遭遇苦境，也能心平气和，也能善处自乐。这样，就很好。

这样女人的生活方式，比虚无的意义更好、更实在、更美丽。

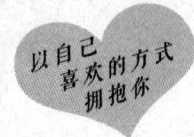

水　仙

　　这女孩儿，在"久经风雨不知寒"里，勤快着，能干着。然后，缓缓长成"天生不爱倾诉苦难，并非苦难已经绝迹"的闽南女子，让福建男人挂在嘴边念叨，娶妻当娶闽南女。

　　寒冬到了，闽南的菜市场上，就有妇人挑一担担水仙在卖。小把1元，中把两元，大把3元。

　　一小把里，有20枝花，是称为"金盏银台"的单瓣水仙。我买了一把回家，插水杯里。

　　水仙在水里，花苞拳拳，有隐隐的香。

　　半天时间，花朵半开，宛若松开一半的掌，香味清雅。一夜后，每朵花都开得满满，浓烈的香气充满整个房间。

　　这时，在屋里转悠，忍不住，常常转到水仙前，细看一眼，深嗅一口。

　　花梗婷婷，花朵银白，花蕊淡黄，花香醉人，如身穿翡翠衣，头戴黄金冠，凌波而来的仙女。这样的花，玉质冰肌，当称女性植物。

　　喜欢水仙美丽的名字。

　　《百花藏谱》说："因花性好水，故名水仙。"

《本草纲目》说:"宜卑湿处,不可缺水,故名水仙。"

《水仙花志》说:"此花得水则新鲜,失水则枯萎……(大概)初名水鲜,谐音水仙。"

喜欢水仙有趣的别名。

鳞茎肥大,像蒜,明《长物志》便称"雅蒜";

茎干虚通若葱,宋《南阳诗注》便叫"天葱";

其姿风雅,元《三柳轩杂识》推崇为"雅客";

宋黄庭坚写"凌波仙子生尘袜,水上轻盈步微月"佳句,又有"凌波仙子"之名。

喜欢水仙古老的传说。

《内观日疏》记载了这样一个故事:一个姚姓妇人,在寒冬深夜,梦见天上观星落地,化作一丛香美异常的水仙。妇人取而食之,醒来生下一个美丽女儿。

此女聪慧过人,能诗善文。因而,人们将妇人食的花,称为"姚女花"。又因观星即女史星,此花又被称为"女史花"。

对于水仙,喜欢之极。也因清水一盆,白石几粒,育养过程简单清楚。这样好养,宛若生命本质里,索取不多,单单纯纯,没有尘世的喧嚣繁杂,便有冰清玉洁之姿,香远溢清之味。

在闽南乡下,叫水仙的女子尤多。一声"仙呀",长音未落,就有一个好看女孩儿跑来,身姿瘦瘦,双颊红红。

这女孩儿,在"久经风雨不知寒"里,勤快着,能干着。然后,缓缓长成"天生不爱倾诉苦难,并非苦难已经绝迹"的闽南女子,让福建男人挂在嘴边念叨,娶妻当娶闽南女。

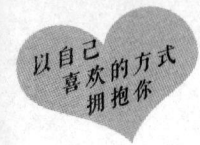

想到在西方人眼里,水仙是男性植物,就忍不住莞尔一笑。

那个叫纳西瑟斯的少年,在深山一潭泉水边,欲低头喝水时,突然望见水中有一个美丽少年。于是,疯狂的爱情立刻产生——他爱上自己的倒影。

自此,少年于泉边日夜守候,不肯离开半步,最后消瘦而死。死后,守候之地,长出一朵向泉潭低垂的白色小花。

想到水仙是如此自恋的男子化成,我就咧开嘴角。

每每,遇着水仙一样的男子,柔软妩媚,巧笑倩兮,举手投足,自我中心,自我为大,我就轻笑着避开——实在是看不得男子的顾影自怜。

瘦些,再瘦些

女人的自我雕琢浮于女人生命本质的表面,凸显出无比的重要——琢出"腹有诗书气自华"的内在,雕出曲线玲珑婀娜多姿的身段,已成为女人生活里尤为重要的部分。

谁说过,女人一减肥,上帝就发笑?

周末,与一位常在嘴边挂着"我太胖"的朋友相约,实施酝酿已久之蔬菜汤减肥法。

朋友兴致高昂地去菜市场购芹菜、西红柿、洋葱、卷心菜等，朋友老公将之切细熬一大锅汤，他手挥菜刀时不断嘲笑："这玩意儿能当三餐饭吃？"

朋友首先畏惧："光喝汤岂不饿坏我？"

午餐时间到，她用勺子连汤带菜装一碗。连吃三碗后，她才感觉肚里有些分量。

而作慢条斯理状喝了三碗汤的我，也觉腹中满满，就搁下碗和她兴冲冲逛街去。

不久，置身于五颜六色的人群中，朋友手捂肚子作痛苦状。

"怎么了？"我一脸焦急。

"肚子痛，大概那些菜汤太凉了（此凉非冰凉之凉，指食物性凉也），我要找一点热的东西吃，那边有一家烧麦店，味道不错。"

一盘20个热腾腾的烧麦端上了桌，两个想减肥的女人立刻目光炯炯。

朋友笑曰："让肥胖伴我们吧。"

现实生活中，如我们喊着该减肥了的女人比比皆是，即使那些个如弱柳扶风般的女人，也手握细腰叹息："我希望瘦些，再瘦些。"

可是，面对各式佳肴，许多女人真的无法抗拒诱惑。

所以，女人经常这样，将自己陷在两难境地里不知该进该退。享受和肥胖，克制和美丽，如鱼和熊掌，舍谁取谁？

可是，又有谁说过，女人活到一定岁数，就该为自己容貌负责？

有怀旧男人，心中念念不忘初恋情人，那张姣好面容常常出现在午夜万籁俱寂时。穿过时光厚厚的帷幕，男人一直想去寻找伊人

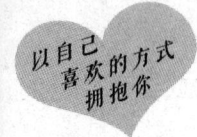

的现在。

可惜,昨日种种,已经萎地成泥。

当平庸、琐碎、臃肿不堪、面色无华的伊人坐在对面,男人直捶胸,最不堪面对美人迟暮。

也有男人,欣喜发现,伊人脱胎换骨像金秋一棵生机勃勃的树,褪去青涩外在,沐在温煦和风中,张扬成熟且惊艳的魅力。

所以,在时尚潮流浪花中,在男人暗暗打量的研究目光里,女人已经明白,这是个愈来愈崇尚完美的时代。

在这个时代,女人的自我雕琢浮于女人生命本质的表面,凸显出无比的重要性——琢出"腹有诗书气自华"的内在,雕出曲线玲珑婀娜多姿的身段,已成为女人生活里尤为重要的部分。

如今的女人,一面叹息回不到以胖为美的盛唐,也不可能定居于汤加国。因此,将减肥、瘦身再到纤体,这三个在时尚辞典中依次出现的使用频率很高的名词不断灌进耳里记在心里,一面虐待自己勒紧裤带,忍饥挨饿面带笑容作艰苦奋斗状。

然而,具体实施时,困难一重又一重。

所以,言出必行也好,言行不一致也罢,谈及减肥,女人说的多,做的也不少。

至于效果如何,成绩优异的,女人自得自豪;愈减愈胖的,女人哈哈一笑。

这样做女人,套用一句广告词:做女人挺好。

阳光和阴雨

有的女人在这些不愉快、不幸福乃至痛苦、绝望的经历中,获得了倏然而至的醒悟。

有这样一个场景:

一位中年妇女骑自行车从小巷这头来。车的后座上,坐一位美丽女孩儿,公主裙、白线袜,羊角辫梢上系朵翩翩蝴蝶结。

显然,这是母女俩,妈妈正急急送女儿上学去。

小巷那头,另一位中年妇女也骑车快快而来。车的后座上,横置一大捆娇艳欲滴的鲜花。显然,这是一位卖花妇。

巷子避仄,细长窄小,擦肩而过时,卖花妇停了车。

突然,带孩子的中年妇女伸出左手,一阵"哗啦啦"后,她的手臂与鲜花亲密接触了几秒,顿时,满地花瓣落红缤纷,一些光秃秃的花枝兀自战栗惊愕。

带孩子的妇女跳下车,冲尚未反应过来的卖花妇一阵责备,大意是,鲜花那么大捆,占据那么大空间,要是碰伤她女儿的脸,"把你卖了你也赔不起!"她如此说。

卖花妇只低着头,看被糟蹋得不成样的花捆儿,那个心疼呀——

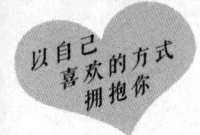

那个回天无力的痛惜，满眼满脸。

或许，一向生活在社会底层。或许，忍耐已成习惯。或许，贫穷使人自卑，面对趾高气昂的城市妇人，卖花妇一声不吭。

如此，指责像肉包子打狗有去无回，带孩子的妇女心里的怒火更加升级，一连串的谩骂顿时如暴雨倾盆，整条小巷的晴朗空气即刻全部被驱除干净。

这个场景，是我一位女友亲眼目睹的。

她说，置身在城市的古老巷子，头上蓝天白云，身旁清风游荡。然后，那么多颜色各异的花朵随车轮滚动而来，红黄白紫，仿佛春天是个孩子，跑着闹着，突然挤进这线夹缝中，让人眼睛一亮。

可是，突发的这幕，让人极不舒服。

完全可以看得出，那位带孩子的妇女心中一定充满怨恨，她生活得一定不幸福。所以，路遇的小事件才能成为导火索，让一些积怨以如此言语和行为发泄出来。

于是，静夜里，我们的聊天话题，从孩子的教养、教育问题，转到了关于女人的怨恨上。

女人为什么会充满怨恨呢？

其实，生活像一根鞭子，追打着每一个女人。命运像路上的石子，时不时要绊每一个女人一脚，哪个女人都躲不过。

从青春年少对未来的美丽期许，至人到中年的无助无奈，女人经历多多，感受多多，也失望多多。

然而，有的女人在这些不愉快、不幸福乃至痛苦、绝望的经历中，获得了倏然而至的醒悟，对一切具有了安之若素的心态。

有的女人仍执迷不悟，感到绝壁万丈无处可攀，便絮絮叨叨命运不公，生活欠她太多。

对于时间，最好的比喻是，时间是一位高明的雕塑师。

这位雕塑师闭着眼睛，不知不觉就把人到中年的女人大致雕塑成了两类：一类如阳光，一类如阴雨——灿烂似一株花树者，清冷像月下凉风者；神闲气定自在满脸者，怨恨连连漠然缠身者；大大咧咧你快乐所以我快乐者，斤斤计较我不高兴你也别高兴者……

唉，塑成怎样的女人有时非女人所愿，但不论如何，连绵阴雨总让人烦不胜烦。人到中年，我们喜欢的女人是——心平气和，阳光灿烂。

有点坏的女人

当不了风情万种的妖精，拽不住男人变心的翅膀，那么，当一个殷勤伺候孩子的传统母亲，也是好命也。

女友来家做客，与她各窝一张沙发，喝茶喝咖啡，从中午到日暮。

说的几乎全是，女人该怎样活，该有怎样的心态，才知足、才精彩、才快乐。

女友说："乞丐乞讨来一碗粥，与富商一掷千金的豪气，究竟谁

更快乐,说不清。"

如此,女友不羡慕那些混得好的人,只说性格决定命运,自己的所得所失全是自己造成的,怨不得任何人。

"那么,专心做传统意义上的好女人:不花男人的钱,心疼男人的钱包,对男人好而又好,恨不能掏心掏肺——为什么最终,爱的男人反而会轻易撒手不回头呢?"女友困惑地问。

我笑着说:"试想,一笔投资巨大的生意,与一笔无本生意,商人对哪个关注更多?男人的劣根性在于,投资需要回收,甚至期望利润;而无本生意,既然无本,得到是赚,不得不亏,一些男人不会为无本爱情费神费力。"

然后,我对女友说起前几天我的另一女友来厦门采访,恰与台湾嫩模兼演员的某某同住一栋别墅。

对某某,多年前,网上曝光过她被偷拍的性爱视频。由此,相信许多人和我一样,对她兴趣浓厚,源于此绯色事件。

我去看望女友,与她闭门畅聊完,一开屋门,迎头撞见电视台正在别墅大厅采访某某。我立一旁,静静观看。

猜不出年龄几何的某某,好相貌、好身材、好口才。她谈港台影视圈、点评明星,皆头头是道;她面对镜头,笑语嫣然,镜头感极强;她双手轻轻比划,十指修长,动作优雅。

最后,被问及"你是怎样一个女人"和"女人的角色定位"时,她说:"我是一个捉摸不定的女人;女人要有点坏,有点坏的女人也是好女人。"

这两句话,让我叹服——想来许多女人,如果像她一样被针孔摄像机偷拍，绝对隐私成为绝对公开，成为媒体竞相追逐的对象，成为人人茶余饭后津津有味的谈资，情何以堪呀！一定被舆论和公众的唾沫淹死，不然，自己暗自哭，哭也哭死。

但多年后的她，重返公众面前，阳光灿烂的笑脸上，竟让人，看不出岁月遗留的一丝阴郁；竟让人，由此认为她是一个幸福女人。

十几分钟时间，近距离"倾听"某某，"我觉得，她是个有智慧的女人，是个内心非常坚强的女人，是个外表有女人味的女人，还是个有获取幸福能力的女人。"我对女友说。

"那么，性格使然，无论如何努力，想坏，也坏不到哪去，获取幸福的能力差某某多多，我们的路，究竟在哪里？"女友又问。

我懒洋洋地说："坏，是一种心计，要有勇气、智慧和修为，不是简单女人就能拥有。历练后的女人，也只有如某某的聪明和开阔，才能有她如今淡定中的无畏、知足和从容。至于你我这样的简单女人嘛，买菜做饭养孩子，认真工作赚薪水，见想见的人，做想做的事，就好。"

女友款款离去后，我去了菜市场。

兜转一圈回家，做了海蛎煎、黑木耳炒山药、素烧苋菜。

女儿放学回来，洗了手，快快吃完，从餐桌边站起，突然一拍脑袋说："妈妈，差点忘记告诉你，我被评上三好生了。"

她转身进浴室洗澡，又探出头说一句："从初一开始，我年年都是三好生耶。"

我收拾着碗筷，情不自禁地微笑起来。

夜深时，我给女友发了一则短信："当不了有点坏的女人，当不

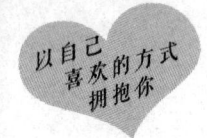

了风情万种的妖精，拽不住男人变心的翅膀，那么，当一个殷勤伺候孩子的传统母亲，天天守护着孩子健康成长，做这样的母性女人，也是好命也。"

为自己的美丽负责

生为女子，在这时代，要有内心的博大和安稳，才能穿越生活的种种迷障，才能穿越年龄的种种流光。

说起某女子的颇多心计，一位女友坚决地下结论说："大凡丑女子，少有善良心。"

她说，某女子从小自大，因为丑，得不到赞扬和重视，看着如花女孩被家人、老师、陌生人宠爱，失落重重。这种失落，伴她少年、青春初长，直至成人。

于是，丑女要拼，拼出水平高一些，才能得到与一般女子同样的重视；拼出水平高许多，才能得到与美女同样的承认。因而，这样的环境，这样的心态，使性格倔强的丑女看人看事，少有平和心。

一番话，说得仿佛十分有理。

她又说："女子眉目间的良善、温婉、娇嗲，可以使女子美丽许多，让人忽略她的五官端正与否。所以，一些不美的女子，慢慢看，可以看出风情来。"

"而不幸生而丑的女子，如果精明、算计、小心眼、善妒，再加上争强好胜、怀抱出人头地的愿望，种种'不甘'情绪淤积心里，面容上，必是坚硬。这坚硬，不能带给女子迷人之美。"

又一位举例说，与一位女子初识，握手时，对方连说："久闻大名，早就仰慕。"其声音热情得仿佛坚冰可融化，可该女子眼中没笑意、没诚意。

第一位女友说："那女子呀，我听说过没见过。有一日，一男子询问我那女子漂亮吗？我说没见过其人，接过一个电话，声音像铁钉在玻璃上划过，让人起鸡皮疙瘩。"

我呵呵笑说："哪天让你见见吧。如今满街都是美女的时代，那女子，说要像杜拉斯一样，恋爱到80岁呢。不是美女，敢有这般宏愿吗？"

我的话未落，第二位女友立刻说："如果谁说那位是美女，我与之拼命！"

众人大笑。

记得有人说过，女子年过三十，得为自己的美丽负责。

道理真是这样的！

如今，看多了年轻时姿色平平的女子，到三十、四十、五十岁时，竟是一年比一年美丽，一年比一年迷人。究其原因，她们全是内心越来越丰富、情绪越来越平和的女子——她们爱自己、爱他人、爱生活，对许多物事，取舍自如。

而有些女子，活到三十、四十、五十岁时，依旧内心激烈、满腹

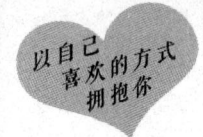

怨恨、斤斤计较,依旧看了别人的好恨不得踩一脚,依旧没有一颗宽容心的话,该是一种怎样的悲剧呢?

这样的女子,本来有一些姿色,怕是这时该减几分了;生来不美的,怕是这时,比东施效颦更要让人不喜了。

佛说,相由心生。心静如水,必然眉眼温和;心不安宁,必然面目忧苦;心藏恶毒,那是什么呢?

生为女子,在这时代,要有内心的丰盛和淡然,才能让自己慢慢变得美好,并且,越来越美好。

生为女子,在这时代,要有内心的博大和安稳,才能穿越生活的种种迷障,才能穿越年龄的种种流光,才能穿越情感的种种羁绊——

然后,对生命心怀怜悯,抵达美丽的彼岸。

做个美丽优雅的妇女

我们不做衣冠不整的妇女,我们要做或轻舞飞扬、灵动曼妙,或精明能干、风风火火,或温顺温暖、贤惠无比,或侠骨柔肠、义薄云天的妇女,做个美丽优雅的知性妇女。

我曾经这样过了一天:

六点半起床,为孩子准备早餐;

七点倚着家门目送她出门上学，然后喝一杯牛奶，做半小时家务，打开电脑敲键盘；

十一点将写好的稿件发出，转转僵硬的肩，关电脑，进厨房为孩子做晚饭。顺便，草草将就了自己的一份早餐兼午饭。

十二点出门坐公交车，到单位上班。

下午六点半，孩子打来电话："妈妈，我到家了，正用微波炉热饭呢。不过，作业好多呀，老师说要到新华书店买参考书，晚了怕被同学买光……"

晚上八点下班，直奔书店，看到孩子指名要的书摆在书丛中，犹如金子闪光，松口气。付了钱，将书塞包里，匆匆往家赶。

路上，拐进面包屋，买了几个面包当第二天早餐。

待扑进家门，早是饥肠辘辘响如鼓。却见孩子趴在书桌前，餐桌上杯盘狼藉待收拾，卫生间里换下的衣物待清洗……

这样的日子，几乎天天如此。

忙碌呀，紧张呀，压力重重呀，相信很多现代女人也是如此。

作为职业女性、家庭主妇、孩子他妈，现代女人肩担多种职责——为事业打拼，为家庭建设，为孩子操心，哪个能做到闲庭信步悠然面对生活？

就这样，不知不觉，将自己的腿迈进了所谓"妇女"的行列。

谁是妇女？印象中，有些土，有些邋遢，有些发福，对孩子唠唠叨叨，对老公低眉垂眼或河东狮吼大妈级的人物是也。

对"妇女"二字的定义，著名作家陈丹燕曾玩笑说："听说衣服穿得不整齐了，就是妇女了。"

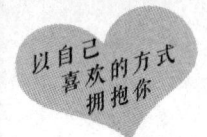

如此定义的"妇女"二字,我不喜欢,相信没有多少女人喜欢。

想想,在大街上走着,被路人阻拦:这位妇女,某某路往哪走?在单位,被同事央着:这位妇女,帮个忙好吗?在私下,被人议论着:妇人之见,妇人之心,老妇女。

妇女能够心花怒放吗?

妇女这个名词,在今人心目中,常常被赋予一种年龄特征——越老的女人越确定无疑是妇女,还被抹去一种魅力——我们通常不说美丽的妇女、优雅的妇女。

还有,因了"三八节",妇女被赋予诸多历史重担:争取和平、平等、发展……"妇女"二字显得有些沉重。

今天,妇女的节日——"三八节"来了,像以往一样,在各路媒体的头条赞美里,在单位组织女职工开展丰富多彩的活动间,在孩子放学回家对妈妈说"节日快乐"的祝福中,在男人难得主动地为妻子做一餐饭的表现里,裹挟着初春的气息来了。

这一天,因半天放假,妇女各有安排各有去处。

这一天,偷得半日闲,妇女能够对老公说:"我爱你,我是你的";对孩子说:"我爱你,我是你的"。但是对自己,颇有些无奈地说:"我爱自己,但我是自己的吗?"

在传统"奉献、牺牲"的妇女定义上,我希望,我们不做衣冠不整的妇女,我们要做或轻舞飞扬、灵动曼妙,或精明能干、风风火火,或温顺温暖、贤惠无比,或侠骨柔肠、义薄云天的妇女,做个美丽优雅的知性妇女。

美人绝色却非尤物

　　我遭遇的这几个美丽动人的女人，为什么不在表现你们美丽动人外貌的同时，也表现出一点与外貌相符的美丽动人的行为呢？

　　那一年春节前去福州出差，和一位多年不见的大学女同学勾肩搭背散步逛街。

　　在东街口附近一家商场，我们共同看中一件黑白相间的毛衣。黑白相间色，一直是我最喜爱的服装颜色。

　　我们说，我们要在两地同时穿这件衣服。挤进了仿佛购物不要钱的人群，我说："买两件。"

　　我将手伸进口袋掏钱。这一掏，我的脸马上变了色——钱没了！

　　我左思右想，刚才挤在我们身旁的人，没有一个是鬼鬼祟祟贼头贼脑的小偷模样。

　　售货员小声告诉我："你身边那个小姐将手伸进了你的口袋。"

　　我惊讶地张大嘴巴睁大眼睛——那可是一个装束时髦、模样清秀的小姐啊！

　　去年，不知哪根神经搭错了线，一个劲地迷上了牛仔服。

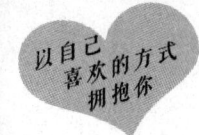

有一次在厦门中山路走来逛去,牛仔裤大减价的海报不可抗拒地吸引了我。在商店柜前,我将一个购物袋放下,腾出手拿起一条牛仔裤。

当我决定不买了,省下一点钱,身旁的购物袋却在我眼都没有多眨几下时不见了。

售货员这时说:"刚才有两个小姐拿了一个袋子走出去,我以为袋子是她们的。"

呜呼,袋子里可有我刚为女儿买的一套衣服、一些日常生活用品和一把伞。

半年前,一个挥汗如雨闷不透气的夏天傍晚,我照例在公园门口等3路公交车回家。

3路公交车在上下班高峰期的拥挤是我最害怕的。望着塞得满满的沙丁鱼罐头一般的车厢,我实在没有勇气上前。

一辆车过去了,又一辆车过去了。天慢慢朦胧,慢慢黑,我决定挤了。

可是,当我斜背着包,好不容易挤上车门,一个花枝招展的小姐却在我的注视下,以我无法想象的动作快速拉开我背包的拉链,快速掏出我的钱包,快速跳下了即将开动的公交车……

应该说,我是一个还算细心的人,很少有丢三落四的习惯。应该说,一个月薪水就那么薄薄几张,养家糊口的主妇总是斤斤计较一分一厘钱。

和多数女人一样,我根本没有多余的钱财贡献给小偷。所以,出门在外,我总是竭力守护好我那装有可数几张人民币的钱包。

然而，在年轻美丽风情万千的女人面前，下意识里，我实在是悠悠然而且不设防的！

身为女人，总从青春花季开始，甚至青春花季之前，就常常被教导要警惕在生活中碰上骗财骗色、偷钱偷物的男人。

因此，大多数女人心理上对挨近身边的陌生男人有一种戒备，尤其那些油头粉面、獐头鼠目、猥猥琐琐、一脸凶相，一看就不像好人的男人。似乎，抱紧皮包，转过身体，不理睬他们，远离他们，就有了安全。

可是，女人实在是美丽诱人的尤物啊！

一条街，娉娉婷婷走过一个美丽女人，不仅满街男人看直眼，满街女人也看直眼。闲来无事逛街去，最惬意最愉悦的总是那些映入眼帘川流不息红红绿绿美不胜收的女人。

所以，我怎么能够让自己在心里暗暗揣测，身旁这位陌生的让我忍不住为她的魅力所吸引的女人是不是美丽的梁上君子呢？怎么能由此联想到一些最美的蘑菇是有毒的，一些最美的花是无香的呢？

法国著名的文学家西蒙·波伏娃说过："如果人不能欣赏那些美丽的花卉，精美的花边，如水晶透明般清亮的童音，和女性的娇媚的话，就只能算是个野蛮人。"

她又说："当可爱的女人在表现她的美丽时，远比没有生气的绘画、门庭的雕花装饰、幽美的风景等等，更令人觉得动人。"

我遭遇的这几个美丽动人的女人，为什么不在表现你们美丽动人外貌的同时，也表现出一点与外貌相符的美丽动人的行为呢？

美丽瞬间成为丑陋，我只有一脸茫然惊诧的表情和活见鬼的感觉。

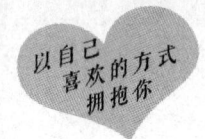

如菊女人

握一盏淡淡清茶坐在家中,欣赏花篮里的一朵朵菊,如欣赏一个个如菊的女友,我的心情是晴朗明亮的天空,没有冬日的阴郁和寒冷。

一直奇怪,从花市上买回的玫瑰花蕾,插在清水瓶里,不曾开放,没几日便萎了,每每如此。

康乃馨的花期倒长,盛开着并且徐徐美丽一个星期,然后花瓣微倦,渐渐枯黄。

而花期最长的是菊,无论红、黄、白、绿、紫、金盏,在花瓶里艳艳挺立着,灿烂时间长达半个月。

春节前,想自己动手插一篮花,让新春的家中多添一点喜气。

逛花市时,面对突然暴涨的花价,我吐出的舌头缩不回:高档花中,红掌50元,天堂鸟80元;常买的几色花里,康乃馨3元,玫瑰5元。

每一枝花的价都令我心惊,遂拉了女友转身走开,到菜市场买菊去。

各色菊刚从枝上剪下,插在清水桶里,一满桶一满地桶摆在菜市场一隅。

对菊，我了解不多，只是从书本上知道，菊有两千多个品种，其中，大朵菊花径盈尺，小朵豆菊花径不过一二厘米。各色菊的名字又好听，呼起来时，仅听名儿就能想象盛开时花色的美丽：都胜、金芍药、一团雪、白褒姒、紫罗伞、碧江霞、美人红、醉杨妃……

掏了18元钱，抱一大把菊回家。

花拥在怀里，清逸的菊香浴在身上，心情格外好。找出储藏间里闲置一旁的花篮、花泥，一枝一枝修剪，一枝一枝插。插好一篮后，放在客厅，唤家人欣赏。

家人说，菊应该参差插在瓶里，没想到，单纯的各色菊能够被你插得这么悦目，倒少见。我不禁得意起自己的插花技术。

一直喜欢菊，既缘于菊的价廉，也缘于菊的花期长，更主要是缘于菊的品格。

在我的意识中，花如女人——各色花各有姿色，各有芳香，各种女人也是同理。

红玫瑰娇媚，刚从枝上剪下时，像极青春初长的女孩儿，盈盈欲滴的脸未语先红。经过一两夜清水浸润，早上八九点，凤眼半启，便宛若初谙情事的女孩。而到了完全开放时分，便是热烈专注的情人了。

我感觉，黄色是明丽无比的，黄玫瑰也不例外。花蕾时期，黄玫瑰像一位内心深处对世间功名利禄、欲望、诱惑都清清楚楚明明白白，而脸上只表露出什么也不太在乎的妇人。

然后，适时适地，潜在的激情被激活，一个瞬间，花骨朵儿无遮无挡，花瓣彻底开放，把整个生命都献出，还唯恐贡献不够似的。

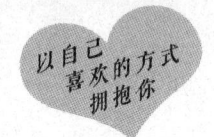

在这点上,黄玫瑰和昙花应该是一类的。

昙花的灿烂在夜深,极短暂,于众人皆睡我独醒时刻,把一生所有的美丽都集中在那么一两个小时里,拼全部生命力让自己成就一种完全绽放。

而康乃馨则如一位富有母爱的女人,宽厚、温和。她的美,不艳俗不招展,细细体会时,就如偎在母亲怀里,母亲的手轻抚过额头,有无限温柔、平和、平静。

在我的心里,始终认为,"季秋之月,菊有黄华"的菊,是如那些平凡、平淡、最具中国传统的女人。这种女人,在多么贫瘠的土地上、多么寒凉的气候里都能好好生存,并且勇敢肩负起作为一个女人的所有职责。

这种女人,我结识了很多。

在农村,像我外婆、舅母那类老一辈守旧的女人,她们勤劳勤俭、任劳任怨、孝顺公婆、养育儿女。她们没读过几天书,但在她们所识不多的字词中,有"利人""克己"二词,却绝对没有"为己"二字。

在城市里,那个内心有无限情感伤痛、却坚信面包会有、爱情会如约而来的痴女人;那个事业上失意落魄,但整日里笑逐颜开自寻快乐的傻女孩;那个衣裳光鲜,抱着孩子在街角大大方方解怀奶孩子的年轻妈妈;那个下岗了又再就业,不舍得吃下午工作餐里的一枚卤鸡蛋而偷偷带回作为拮据家中孩子的营养品的中年妇人……不都是如菊的女人吗?

陆游说:"菊花如志士,过时有余香。"菊的可爱可贵不仅在于它的美丽，更在于它的傲雪凌霜、百折不挠。菊的这种品格，实在令我心仪和欣赏。

我常常觉得，在我交往的女友中，只有如菊的女友能够让我在心怀痛苦之时破涕为笑，开朗起来，并且彼此互为激励。

与这类女人相处，能够使人学会坚韧、坚忍、坚强，并且在突如其来的灾难降临时泰然自若。而这种坚韧、坚忍、坚强和泰然自若的个性，实在是一个女人一生中最应该拥有的性格特点。

菊如女人，女人如菊。

握一盏淡淡清茶坐在家中，欣赏花篮里的一朵朵菊，如欣赏一个个如菊的女友，我的心情是晴朗明亮的天空，没有冬日的阴郁和寒冷。

智慧并且快乐

最喜欢的是智慧并且快乐的女人。这种女人简直如妖——林妖也罢山妖也好，水妖也好海妖也罢，她们一言一语一笑一颦里，你无法不受诱惑不受感染。

不喜欢胸无点墨愚笨的女人。

这种女人，唯一吸引人之处在于安静不开口不动作之时。这时，她或许有些女人味，有些低眉顺目娴静淑女之态。

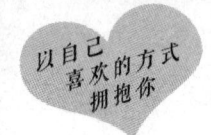

然而,她一开口,活脱脱一个绣花枕头。更要命的,是她常常开了口就没个完,滔滔不绝的傻话散布在周围空气中,碎嘴婆婆似的。

与之相处,无名火顿起,双手掩耳不及,恨不能退避三舍,逃之夭夭。

也不喜欢眉心永远有一个结的女人。

这种女人,在那些无所事事吟风弄月作风雅状的男人眼里,也许可唤起一份怜惜情感,然后以这份怜惜为动力,为解开女人的眉结而拼命作骑士状。

可是,我和一个忧郁女人相处,情绪常常便临愁云惨雾之渊,不知不觉被感染、被潜移、被默化,继而也同样作出"态生两靥之愁,娇袭一身之病"之状。如此,岂不自己把自己累得慌?

喜欢聪明、灵秀、智慧的女人。

这种女人,如一本引人入胜不想释手的书,总能在我充满困惑的时候,帮助我拨开眼前的层叠迷雾——

或是嘴中的一句话语,或是眼里的一道目光,或是双手的一个动作,不刻意但平和从容,实实在在使我有"众里寻他千百度,蓦然回首,那人却在,灯火阑珊处"的惊喜,有"心有灵犀一点通"的愉悦,更有此种女人不仅可以为友为伴更可为师的慨叹。

也喜欢脸含微笑开心快乐的女人。

这种女人,是夏天的一泓泉或一阵凉风,冬天的一把火或一盏温茶。喜乐于她们,似乎是某种天性。苦难于她们,有时竟能化解在莞尔一笑之中。

与之相处,即使有冷落有低潮,即使有泪,也即刻风干在眶内,颊上浅痕不留。与之相处，太阳每天是新的，月色每夜是美的，日子每天是快活的。

最喜欢的是智慧并且快乐的女人。

这种女人简直如妖——林妖也罢山妖也好，水妖也好海妖也罢，她们一言一语一笑一颦里，你无法不受诱惑不受感染，无法不使自己长进多多并且开朗多多。

这种女人，是女人中最美丽的一道风景，可观可读，更可品可餐。有此种女人伴在身边，无疑是幸运男人三世修来的福气。

简单的快乐

直面五味俱全的日子时，女人一生不可能有很多次盛大而隆重的快乐，要笑颜常开，要温煦迎人，要如沐春风。女人就应该这样简单，这样从简单中获取快乐。

意外获得一个奖，据说奖金颇丰厚。

没等银子装进口袋里，就计划潇洒一回。如同中奖者，请客是首要必须。请完客呢，也许彩票看错号码，满心欢喜突遇寒冰，那也不管啦。

所以，暂时不想把好东西与好朋友分享，自个儿上街购美丽衣

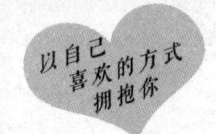

服去。

美丽衣服于女人,绝对是一生中的至情至爱——那个男人也许爱过了然后不再爱,也许仍爱着他却对你挥挥手。只有对美丽衣服钟情不改,从黄毛丫头到八旬老太,一袭华服在身,平添自信和风韵有多少!

女人呀女人,为苗条,永远甘为美食之敌人;为漂亮,永远甘为锦衣之奴隶。

我也如此。

曾对同事传授减肥秘笈:"逛街去,几小时不觉累呀,想想,可消耗多少热卡?"

同事大叫:"钱包可受不了的。"

工薪族过日子是"计划经济",想奢侈,额外钱财绝对最最相宜。

逛在大街上,商店鳞次栉比,商品琳琅满目,好东西真多,让你目不暇接。

鞋柜小姐亲切之极,恨不得将所有适合你不适合你的鞋都套在你脚上。买吧,买吧。

拎一双长靴一双短靴,转到另家服装店,服务生却是小姐一个帅哥两个。

帅哥微笑殷勤着,把一件一件衣服从衣架上取下,一件一件向我推荐。我立马逃到小姐身边,中国大多数女人不太习惯陌生男人的殷勤。买吧,买吧,再拎一个纸袋。

双手满满,继续逛着。再买吧,买吧,又拎一个塑料袋。

回了家,腰微酸脚肿胀,兴致仍高昂。

打开衣柜，配套的旧装和新衣一一披挂上身，却发现，新裤子的腰围大了，新上衣有些黏毛。美中不足呀，不是完美身材，哪有完美服装？

想想，抄起电话。

"裤子想换吗？没问题没问题，你随时可以来。"

"衣服黏毛呀，我和老板反映，看看老板肯不肯送你一个黏毛器，如何？"

心情顿时舒畅。

于是，脱了新衣，着旧衫系围裙，于油烟中麻利地忙起一桌丰盛晚餐。挥动锅铲时不禁想，女人角色转换这般飞快，刚刚还是对镜理红妆的佳丽，掉转身，货真价实黄脸婆一位。

可心情真是舒畅，就像闷热了有一阵凉风吹过，口渴了面前刚好摆一杯茶，腹饥时有人送来美味糕点。

又想，女人呀，有时孩子似的透明和简单，简单到拥有一件美丽衣服就可以令自己快乐。

再想，何必把生活沉重化，让心情复杂化？直面五味俱全的日子时，女人一生不可能有很多次盛大而隆重的快乐，要笑颜常开，要温煦迎人，要如沐春风。

女人就应该这样简单，这样从简单中获取快乐。

这种简单的快乐，实在是粗糙男人无法理解也无法享受的。

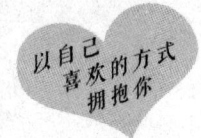

大快朵颐

家常，很温馨的字眼，对女人而言，是卸去唇膏脂粉、素面朝天、口无所遮、心无所防的心情放松。

朋友莹对我不识手抓面的美妙滋味表示遗憾，她热情地说："哪天我做给你吃。"

话音刚落，莹的朋友送了她两只河田鸡。

莹将一只鸡送给妈妈闺中时期直到如今友谊已经半个世纪的老朋友，一位八十多岁的退休老护士。她说，老人需要小辈关心，需要冬令进补。

另外一只鸡，呵呵，我们做手抓面去。

莹来到我家，袖子一卷，鸡洗净下锅白斩，带壳牡蛎放进微波炉，熟面放进蒸锅，莲藕切片放进鸡汤里几滚，镇江陈醋往小碟中一倒。

不消片刻，我们两个女人洗净各自的手，左手揪一团面条，右手撕一块鸡脯肉，醋里一沾，两手一裹。再将张口的牡蛎剥开，掏出水汁鲜美的牡蛎肉，张嘴一咬，我立刻眉飞色舞喊一声："好！"

莹是那种风风火火能干的女人，会做许多花色多样、味道美妙的菜肴。

她认为，精致好看的菜只可细品，适合烛光晚餐时和情人相对无语刻画在眼中的温馨氛围；而手抓面的吃法，鸡肉、鸭肉、五香条、豆干、蔬菜都可裹在面条中，吃时不用筷不用勺，双手油腻腻张扬着，感觉既原始又简单——

她认为，只有原始又简单的吃相才称得上大快朵颐。

大快朵颐、风卷残云的痛快淋漓，在《水浒传》之类书中，是好汉们大碗喝酒大口吃肉大声喧哗的热闹场景，自小我就一直喜欢并心之所向神之所往。

除此，在阡陌纵横的荒郊野地，抓一只鸡裹黄泥、叉一条鱼放火上烤、扔一个红薯埋在余烬里煨的鲜美滋味，每每想起，食欲大动。

再除此，坐在街头一张油腻泛光的矮凳上，一口一口吞着地方小吃食物粗作的地道风味，再佐以地方民俗的风情万千、民间传说的美丽感人，那时那刻，心情月白风清。

自古以来，一条"绝对真理"曰："民以食为天。"口腹不能饱，人生实在不可能言其他。所以，吃的乐趣无穷无尽，大众直把饮食吃出了一种深刻玄妙的文化来，仍不肯善罢甘休。

我和莹是一介整日操持锅碗瓢盆油盐酱醋的俗女人，把鸡鸭鱼肉青菜萝卜由生变熟并调理出诱人好滋味，是我们身为女人所熟而生巧掌握的一项生活本领。

有句谚语说："到男人心里去的路通过胃。"如果逆此道而行，不掌握此本领，可否？

对人的口欲而言，都说食不厌精。

其实，与其在酒楼精雕细刻、烈火猛爆、味精狠加的菜肴间推杯

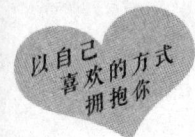

换盏,我和莹都宁愿躲在家中,焖一锅白米饭,炖一钵排骨汤,炒几盘简单的家常菜。

日子常过常新,餐桌上的菜肴随时令改变而出陈创新,不变的是"家常"两个字——家常,很温馨的字眼,对女人而言,是卸去唇膏脂粉、素面朝天、口无所遮、心无所防的心情放松。

与莹张牙舞爪地吃着手抓面,聊一些菜咸汤淡的话题。莹兴致勃勃地说:"哪天我再一展身手,烤一只原汁原味的鸭、做几道自创的特色小菜给你吃。"

我一听,立刻垂涎欲滴,追问:"哪天?"于是掰起手指欲算日期。

阳光灿烂

遇到烦恼,我就立刻像割稻子一样拿起镰刀,不管这烦恼之稻是青黄还是成熟。

朋友莉在电话那头呵呵笑说:"我很快乐,真的,近来我每天都很快乐。"

然后,她又叨出那句经常挂在嘴上的话:"别人生气我不气,我若生气就中了别人的计。"接着,她继续呵呵乐开了。

莉从四川来，她从巴蜀之地一路向南方独自一人旅行而来。抵达厦门时，突见满天满地皆是灿烂阳光劈头盖脑、不由分说砸下来，她不禁叹声连连、惊喜串串。

几天后，她那川妹子特有的细皮嫩肉被海边咸味阳光灼得微黑，这时，她突然决定：留在厦门不走了，把厦门作为永远的居住地。

莉开始了在厦门的打工生活，从一个单位跳到另一个单位，从一份工作换成另一份工作，为在这个她心仪的城市里谋求一个生存位置而拼命努力。

每天，她奔波在大街小巷中，行色匆匆。

她说："厦门的阳光使我舒畅，使我晴朗。即使我一无所有，无固定工作、无丰厚收入、无住房、无这个城市户口，只要有这个城市白晃晃亮堂堂的阳光每天浴在我身上，我就心满意足了。"

我问莉："打工的日子里，烦恼事多吗？"

她笑答："烦恼就像一季一季的水稻，播种了就要收割，收割了又要播种。只是，遇到烦恼，我就立刻像割稻子一样拿起镰刀，不管这烦恼之稻是青黄还是成熟。对于我，在南国这个海滨城市里，只要能够活下去，并且在阳光下活出自己的快乐心情来，就是胜利。"

在厦门，一年四季里，春阳明媚如花朵，夏阳热情如火焰，秋阳丰盈如果实，冬阳温暖如被窝。太阳织就的密不透风的光亮无所不在、无所不包、无所不容。

即使偶尔阴天阵雨，拥着散发昨日阳光芳香气味的被衾，想一些在阳光下发生的往事，这样月复一月年复一年的日子，我的心波澜不起，不曾细思其中平和安宁之美好。

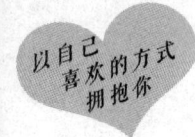

莉却说:"所有植物种子都无法选择它们的生长土壤,它们落地萌芽、抽叶长茎、开花结果,即使仅有一撮土,依靠老天偶尔降几滴雨,而我却能够选择自己的生活所在,我已经很幸运。"

记得,很久以前,一位朋友曾送我一句话:"花中之萱草,无忧亦静芬。"

萱草亦称无忧草,据说,食了这种叶子条状披针形的草本植物,可以使人忘却所有忧愁。

但我忧愁满腹之时,大口大口吞吃了许多或橙红色或黄红色的萱草花朵,无忧的境界却一直达不到。尽管,天天嘻嘻哈哈、快快活活笑逐颜开的日子,是我一直向往一直追求的。

所以,我喜欢莉这个朋友,因为她对阳光的钟爱,因为她如阳光一样明朗、快乐的心情。

情怀浪漫

那时,浪漫的烛光摇摇曳曳使一室生辉,不使吃方便面味似嚼蜡。

少年情怀总是诗。

少妇情怀呢?

日子庸常，实在生活逼在睫前，脚步匆匆奔走于事业和家庭之间，曾有过的浪漫留存心底只在午夜梦回出现，常常一闪即逝。

忽一日，有美丽风光明信片一张张从异域寄来，落款人为陈，地址不详。

陈是男是女不知，是老是少不晓，只是说：

"西班牙马德里女郎像一朵朵美妙奇葩热情如火浪漫如歌，希腊爱琴海触动我心底最浪漫情怀，水乡威尼斯风光迷人浪漫至极，音乐之城维也纳如一支浪漫悠扬歌曲，葡萄牙首都里斯本古迹众多风情浪漫，巴塞罗那奥林匹克村完美构思及布局充满艺术和科学高度结合的诗意浪漫……"

字里行间"浪漫"一词，一而再再而三寄自遥远之地，我不禁有一份好奇及感动。

直到三个月后，陈旅欧归来，出现我面前：精致的一个女人，肤如敷粉，唇红齿白，乌发披肩，薄胎瓷器般。

陈说："很久以前，我投稿，稿件见报，你将题目改成《梦中的橄榄树》，从此我就记住你，并且记住你所写的一些文章，欢喜之极。"

陈又说："我一直认为我们能够成为朋友，同为女人，我们有相似之处。"

望着她T恤、背带裤的着装，看她轻睐浅笑，偶尔比划涂浅色丹蔻白嫩的手，我心里嘀咕："我们有相似点吗？"

陈说："我总在想象你是什么模样，不过，说实话，有些失望。你应该对自己更好点，比如，照顾好自己一张脸，让它容光焕发。"

我哑然失笑。刚从办公室桌头奔出，又思忖孩子放学后晚餐该煮

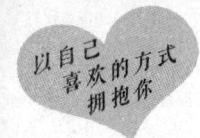

什么;昨夜一个通宵熬红双眼完成一篇文章,今天伏案为他人作嫁改稿编稿——整天日子节奏已是紧张至极,哪顾得画眉深浅,哪顾得长裙款款,哪顾得展示女性的优雅和风情。

自此,偶与陈通电话。

陈声音低柔、温和、娇嗲。

"时间是可以挤的呀,挤一点时间爱自己。"

"心上有茧不怕呀,把茧剥开就好。"

"浪漫是靠制造的呀,有心才行。"

陈梦幻般的话让我不由自主想起有篇文章说过,女人保持美丽的条件有三:有钱、有闲、心里还有一丝不甘。因为不甘,便能刻意。

陈的女人味十足和情怀浪漫是天性使然。一向生活平坦如路的陈,拥有呵护和关爱,是不可能有太多沧桑刻上她白净的额,她才能保留身为女人精致纯净的一面。

精致、纯净、优雅、高贵,一袭长裙无风自舞,旋着穿水晶鞋的双足,仰着微微含笑的脸,这是灰姑娘的奇迹。然而,现实中的众多女人没有这份幸运。

人近中年,忙碌使女人灰头土脸,捋起袖管风风火火,高嗓大调于事业和家庭之间,哪顾得上有什么情怀美丽地麻木、尘封、板结在意识深处。

一位朋友曾玩笑地戏说:"所谓浪漫嘛,就是吃一包方便面也点一盏烛光。那时,浪漫的烛光摇摇曳曳使一室生辉,不使吃方便面味似嚼蜡。那时,烛光温馨温柔温情像汤中味精,使精神呈现美妙滋味。"

其实，对于女人，最美妙的滋味不是华衣锦服、可口佳肴，不是精雕细琢的艳丽容颜、回头率很高的婀娜身段，而是在匆忙日子中择一小段时间悠闲安静地聆听心灵真实的低低声音——

让清晰的双眼迷离，让紧张的肌体放松，让动如脱兔的思绪懈怠，让嘴角的笑意不由自主飞扬，然后深叹一声，又有了可以哼一支歌跳一曲舞的空间。

只因，身为女人，柔情似一溪流水也好，貌美如一朵花儿也罢，坚硬似一块岩石也好，顽强如一株野草也罢，心灵深深处，总有浪漫的触须长长短短四处攀援，期待适时的阳光雨露。

"然而，阳光雨露不来，便要刻意去制造呀！"陈认认真真地说。

顽强的草

一个女人有时真如一棵草，在春日里生长、油绿，在夏天时茁壮、肥硕，在秋季中枯萎、凋落，但在冬寒的肃杀铺天盖地袭击下，她不会死去。

柔韧的是河边风吹杨柳，坚硬的是海里浪打礁石，生命力顽强的是满山遍野命贱的野花野草。比杨柳更柔韧，比礁石更坚硬，比野花野草更顽强的，是女人。

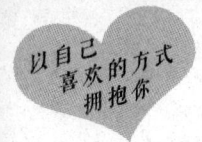

一位女友告诉我,当她做好第二天一大早出差的准备时,夜里在家门口,突然把脚扭了。肿成馒头模样的脚,使她的脸色立刻改变了秀丽的模样。

她单脚跳着进了家门,端一盆冰凉的自来水将伤脚浸进去,然后拨电话给友人。

友人来了,搀扶她去医院。

X光透视后,值班医生说:"骨头没事,肌腱伤了。"

她马上说:"我明天去北京出差,没问题吧?"

医生说:"只要你走得动。"

第二天早上五点,她将她的脚塞进一双大号旅游鞋里,背着伤痛灵、跌打膏药等上了火车。十几天的办公事和爬泰山、登长城、游西湖,一路行来,她不落同行的人之后,她瘸着脚被戏称为"拐子兵"。

回到家,她的脚仍是馒头脚,不见消肿,不见疼痛减轻。

再上医院,拍完片,医生惊呼:"你的骨头裂了!"

她怎么也不相信,她能够用裂了一条缝的脚立在泰山最高处,昂着头与"五岳独尊""昂头天外"的最壮丽的景色一起,站成记忆里的一道风景。然后登上八达岭长城,极目千里,感受几千年历史的沧桑纵横。

还有一位女友说,她生孩子时,真正是死去活来,真正是一脚迈进了鬼门关。

她难产,大出血,先是阵痛折磨得她把自己的双唇咬破,血一丝一丝从裂开的唇上渗出。然后输血,剖宫产。在麻醉药发生作用手术进行时,她却很清醒地和医生聊着天。

当孩子响亮的啼哭在手术室响起，她要求医生把孩子抱给她看上一眼，医生笑骂她："你的肚子血淋淋地敞开着，你还有心情看什么孩子？"

手术后不到24小时，她居然在多人扶着、架着帮助下，从病床上爬起来，抱着她的小小孩子，满头乱发，脸色苍白，无限母爱地开始履行她作为母亲的第一个责任：喂奶、换尿布。

出院以后，她才知道，那时，她子宫破裂，情况不妙；那时，她的子宫、腹腔、腹部皮下等等，被医生一刀一刀剖开，又一针一针缝了一层又一层；那时，医生为她输了好多血浆；那时，术后她的恢复状况很不好。

"女人就是女人，女人不是娇弱的花朵。"女人堆里闲谈时，女人如是说。

而我，感叹最深的是，不论在何种艰难状态下，当困难降临之前，女人最初的反应常常是惊慌失措和胆怯。但困难降临之时，许多女人表现出的必是泰然自若，以及天塌下来也要试着独自担一担的勇气。

某电影里，一场泥石流，一场火山爆发，瞬间，一个村庄毁灭了。

泥石流里，火山灰烬中，男人放弃了挣扎，放松他们紧张的肌体，垂下往日傲视一切的头，认命地迎接无法逃避的死神到来……

而女人，母鸡护着小鸡似的护着孩子，躬身屈膝，双手抓握，与天地抗争的气概刻写在她们死去的躯体上。

看到这一幕时，我为之洒泪并深深叹息。

一棵草所要不多，只要一点土、一滴露。

一个女人有时真如一棵草，在春日里生长、油绿，在夏天时茁

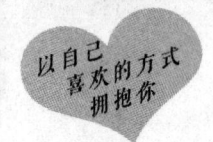

壮、肥硕，在秋季中枯萎、凋落，但在冬寒的肃杀铺天盖地袭击下，她不会死去。

女人的这一品性，我敬佩万分。

优秀老女人

她没有唠唠叨叨的繁琐，没有老而无用的慨叹，她依然生气勃勃，依然睿智聪慧，依然乐观向上。

岁月流逝，女人的容颜不可抗拒地在悄悄变老，不变的是女人一双热爱美丽的眼睛和一颗热爱美丽的心。

环岛路海边，我很敬重的一位大学老师伫立在金黄沙滩上。潮湿的海风吹来，拂动她一头银丝，拂动她花色的裙子，老师的眼在厚厚镜片后含笑着，腰板笔直。

"我老到70岁时，会有这样的风情和韵味吗？"我目不转睛地注视着老师，悄悄问自己。

在老师家，那个绿荫满篱的小院里，老师说："摆一张桌，搁几把椅，泡一壶香茗，邀三两朋友，在此品茶闲话，实是人生一大快事。若朋友是小朋友（我们是她的小朋友），则热闹、活泼足以让人心旷神怡。"

面对佳肴美味，是不断举箸还是顾着减肥计划？

老师笑着说："人生没有十全十美的事，要苗条，你就得同时要皱纹，毕竟，瘦人不比胖人皮肤滋润。"

看看老师，头上银发、额上皱纹、手上老年斑，所有外部形象都在无声诉说着她人生的经历，可她的灿烂笑容、平和目光、安详举止，所有内在气质都表现出她对生活的十足热爱。

我喜欢这位老师。喜欢她老去的容颜，喜欢她老去的容颜之内有一颗不老的心灵。

女人都怕老。

我读大学时，同宿舍一位漂亮女生说："我活到40岁就足够，我可不想以一张那么老的脸、一副那么丑的身段活在世上。"

在那时，十六七岁的小女生眼里，30岁女人已经老到惨不忍睹之时。如今，十几二十年过去，挽着茁壮成长已和我们一样高、甚至超过我们身高的孩子，我们恍然意识到：我们开始老矣。

老矣就老矣吧，不可抗拒、不可改变，存抗拒、改变之想法，无异螳臂当车。

这时的女人，对人生的关键态度在于：一边往脸上仔细涂着抹着，试图抓住青春的尾巴，一边心平气和直面衰老的降临。同时，以一位优秀的老女人为镜，她没有唠唠叨叨的繁琐、没有老而无用的慨叹，她依然生气勃勃，依然睿智聪慧，依然乐观向上。

这样一位老女人，言谈举止的魅力比一位风情万千的美人更甚。她历尽沧桑后练就的坚强、平和、丰富、经验等，是可以潜移默化进入我们的思想和心灵，给我们的人生以帮助以启迪的。

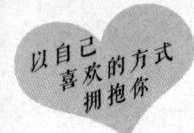

一个人的 10 年

单身女人,可以不了解治国之道、经商之本,但不能没有钱,不能没有生活技能。

"离婚多久了?一个人住多久了?"这问题很迷惑她。每次有人问起这问题,她都要掰起手指来数。一数,居然 10 年。

"八年啦,别提它了!"她突然想起这句旧时样板戏里的台词,禁不住咧一下嘴角,差点笑出声来。

岁月如流水,哗啦啦地,根本不顾惜女人的青春短暂。

怎么就 45 岁了?对着镜子,一张脸依然光滑,胸部丰挺,腰肢纤细。

想起大学时代,她娇娇嫩嫩小女生一个,一掐就能掐出水的年龄,和同宿舍的人在深夜聊,说:"30 岁的女人已经老了。到了 40 岁,女人简直不要活,水桶腰,粗嗓门,满脸褶子,哪有女人样呀!"

可如今,她就站在 40 岁和 50 岁的正中间,不左不右,不前不后,不上不下,却越发活得有滋有味。

年轻时,没有几个男人赞她漂亮,都说她是才女——才女嘛,当然不可能才貌双绝。

如今，不知是男人的嘴都抹了蜜，还是她越成熟越出落得迷人，总之，在同事、朋友圈里，她俨然一位魅力十足活得精彩的女人。

每日忙忙碌碌。工作、上网、读书、逛街、爬山、游泳……计划一堆，没空寂寞。

一次，工作完毕，她拖一位女友陪她闲逛，想买一条绣花牛仔裤。

逛着，买了一条。

再逛，某一品牌断码打折，恰巧有适合她的尺寸，买吧。

又逛，偏看见一条牛仔裤上，小朵的，粉白的，暗黄的菊开满两只裤管，让人一下就想起山野的秋色清明，满心欢喜，目光就不再错开，笑一笑，掏出钱包。

拎着三条牛仔裤，走在暮色降临的热闹街道，她和女友异口同声地说："女人的口袋是需要有一些银子的。"

这真是绝对真理。女人可以没有男人，但不能没有钱。

有钱多好。买一套房子自己住，不为三餐发愁。然后，持一份好心境，存一笔钱去旅游，走遍祖国的大好河山——每年，她有20天探亲假，10天公休假。

这一个月，她在城市里消失。一个月后回来，黑了，瘦了，精神仍抖擞。

女友常问："路途中有艳遇吗？"她笑笑。

那年，在西藏游了一圈，回程时，她认识了一位32岁的男人。

一眼看到她，男人满是惊奇：双肩包搁在地上，伸直两腿席地而坐——热闹的拉萨机场像菜市场，一群一群游人跟随旅游团的旗子熙熙攘攘大呼小叫，只有她，独自一人，面色平静安宁。

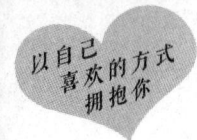

男人忍不住上前搭讪。

他们同一航班由拉萨飞成都。一下机，留个电话，各走各的方向。她在成都逗留两日，约了成都的女友来陪她，吃美味小吃，闲聊。

男人为了再见她，改了回程航班。

在成都街头，他们聊了两个小时。临别，男人说："你太让我迷惑，让我难忘，有一天我会追到厦门去。"

她看着男人，笑说："你该喊我姨。"

10年来，她有过许多次相亲。可不知单身的好男人都躲到哪里了，还是中年男人像黄金一样宝贵，都被年轻女孩抢了去。总之，她的相亲对象，要么有钱没文化，要么能谈诗，可尊容却对不起观众，要么又老又没钱。

一次，她相亲了一个条件相当的丧偶男人，接触几次，却发现那男人居然到处撒网。问他："你好像很忙呀？"

男人忙不迭点头。介绍人安慰她："好多人给他介绍女朋友，都是二十多岁未婚的，只有你离过婚。但他对你印象最好。"

好什么？她可不是男人挑挑拣拣扔进篮里的菜，而且，她也敌不过那些有着吹弹即破肌肤的小女人。她早就明白，没有几个男人能够真正爱上女人丰富的内心。

从此死心。再不去相亲。

前段，她家卫生间的地漏突然漏水到楼下，便由物业介绍，请了工人来修。

楼下原是春雨贵如油，偶尔一滴两滴从天花板滴到地上——尘土飞扬几日，挖了地砖，再铺好地砖，她请的工人数着大几百的票子乐滋滋走后，当晚，楼下水灾泛滥。

将工人紧急招回，地砖再挖开，才发现，工人居然将她家水管挖破。又折腾几天，万事大吉。可万事大吉的当晚一觉醒来，家里黑灯瞎火，没电了。

原来，漏水将地面淹浸后，墙体受潮，电线短路。

赶紧到处找电工。又是几天折腾。

哪认识泥水工、电工什么的？哪懂这些常识？工人说多少钱，就给多少钱。工人说有多严重，就心惊肉跳。

心烦到最后，终于没了脾气，她坐在沙发上给一位朋友发短信："给我找一个懂泥水、电工的男人吧，或者，能够掏钱请工人来并顺利监工完工的男人也行。嫁也好，当情人也行。"

朋友那头乐呵呵回了话："你闭上眼睛到街上拉吧，随便拉到一个，只要是男人，即使他不懂泥水和电工，但当监工，每个男人都能做到。"

该修的都修好后，家重新再现温馨之状，她的"人尽可夫"的念头立刻消失。

还是一个人过吧，至少，一人吃饱，全家不饿，一人不病，全家健康。至少，上火了，为自己泡一壶鱼腥草茶。湿气重了，熬一锅薏米粥。馋了，找一家好饭馆。闲了，煮一大桌好菜。

这些生活技能，她具备多多。

单身女人，可以不了解治国之道、经商之本，但不能没有钱，不能没有生活技能。她就这样眉带温柔、唇含微笑地生活着，一日一日，一个人。

第四辑

喜欢自己

再问自己,为何而活,活着为何?能不能大声说,发自心底真正喜欢红尘万丈中囫囵一个自己,喜欢不修不整不遮不盖不抹粉不涂脂不设防真真实实一个自己?

做一朵欢喜的花

做一朵盛开的小小花：头颅为蕊，四肢为瓣，笑容为色，躯体为托。做一朵盛开的小小花：不惧风雨，不恨不怨，随意而安，认真尽分。

住在老城区闹中取静之隅，每日晨起开窗，就听见屋外的树上，有鸟儿啁啾鸣唱，声音清脆，悦耳。

而后，在屋里忙碌家务时，安谧的窗台，常常栖一只鸟。它歪着头，踱着步，表情安详。好几次，一只鸟竟然从窗台跳进，于木地板上悠然站立，东张西望。

鸟是窗台上的一朵花。

春来了，周末去郊外游玩。

厦门郊外的春，与冬的界限，不像北方那样截然分明。

放眼之景，与深寒时没有太多区别。只是，一棵不大不小的树，光秃枝丫上萌出点点新绿，一群浅褐色小鸟歇在枝条。

第一眼，以为乍暖还寒里，这树已迫不及待，率先开出一树繁花——

鸟是树的一朵花。

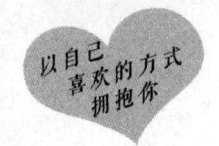
以自己喜欢的方式拥抱你

年年岁岁花相似，岁岁年年人不同。

在时间奔腾不息的流光里，有时，抛开凡俗喧闹，躲开尘世繁杂，沉静一颗心，看春色初动，看春意闹腾，看"留春不住，费尽莺儿语"，便惊觉，莫等闲，白了少年头呀！

我们，是谁的一朵花？

佛陀说，香风时来，吹去萎华，更雨新者，如是不绝……佛陀描述的天花飘坠幻丽场景，呈现风之香，花之灿，虹之彩，云之洁，水之净。

我相信，一定还有人如树：一树开一朵花或多朵花，各朵花，形不同，色有异，香浓郁或清冽——只有自然之美、人性之美和谐并存，才能组成佛陀"诸天降众花"的莫大喜悦！

我们，是自己的一朵花。

记得，唐朝诗人白居易写过《僧院花》，诗云："欲悟色空无佛事，故栽芳树在僧家。细看便是华严偈，方便风开智慧花。"

在白诗人的笔下，千年前的人们体悟佛法之途，总是先费力栽树，再潜心修行。

忽忽千年后，对日渐劳碌的现代人来说，纵有栽树技能，也无栽树之地。

我们，做一朵随缘的花吧。

日日忙碌，日日操劳，日日烦闷。

问自己，如何三万六千日，不放身心静片时？为什么，不丢下"浮生着甚苦奔忙"的琐碎事，看人生聚散无常，像看花开花落自在呢？

内心纷乱止息，清远淡泊滋生。

我们，做一朵安宁的花吧。

一花一世界，一叶一菩提。在草长莺飞、春光烂漫时节，做一朵盛开的小小花：头颅为蕊，四肢为瓣，笑容为色，躯体为托。

做一朵盛开的小小花：清香，鲜艳，水灵，素洁。

做一朵盛开的小小花：不惧风雨，不恨不怨，随意而安，认真尽分。

我们，做一朵欢喜的花吧。

青丝变白头

那时，我白发如雪，皱纹如壑。那时，我一定让我的白发，在风中飘扬，一定让我的笑容，像菊花灿烂。

早起，慢吞吞地洗发。水汽氤氲里，有青丝变白头的体味。

喜欢在早起的时候洗发。

长长的发握在手里轻轻搓揉，白色泡沫满头，然后，缓缓冲水，细细擦干。

然后，蹲地上，将落发拢成一团——落发多，头发长，黑色发团在地面，显得触目惊心。

很长一段时间，我担心未来一天，我将以秃头的形象出现。每次

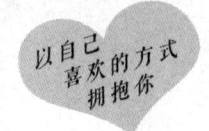

洗发，清楚地看着那么多发不再属于我，仿佛秋风扫落叶。

有时我想，秋叶落后，春天里，树木枝丫依旧萌出新绿——我的发，是不是也像植物，遇春时，能够蓬勃生长呢？

头顶有一根发，一直不落。或许因为是白色，因为与众不同，便要表现出特立独行。

当我第一次发现它时，大声喊来女儿，要她狠狠将之拔除。

女儿在我头顶拨弄许久，拔掉了一根黑发，仍让白发在一片黑色中炫目。最后，她丢一句"我不管了"，跑开了。

那刻，我突然想，女儿面对妈妈的白发，心里会漾起怎样的涟漪呢？

女儿小时候说："妈妈，你不能老。如果你老了，老到外婆那样时，我是不是该叫你外婆？那么，我是不是没有妈妈了？"

那时，我大笑，将她抱在怀里。

女儿的外婆我的妈妈，如今日日顶一头白发。我回家时，常常出神地看她的白发在阳光下，闪耀出银子的色泽。

以前，妈妈惧怕白发，她执意将所有头发染成黑漆漆一片。

妈妈染发时，总唤爸爸帮忙。我则在一旁，看爸爸的手穿过妈妈的白发，用梳子将妈妈的白发一下一下梳黑。

有一次，我忽然领悟到，最浪漫的事，不是"穿过你的黑发我的手"，应该是"穿过你的白发我的手"。

有一年，爸爸妈妈来厦门，我忙上班，爸爸便带妈妈去鼓浪屿海底世界游玩。

那时，说是退休老人门票有折扣，爸爸妈妈没带退休证，费尽唇舌，还是买了全票。

回来说起这事时，我女儿高声说："退休老人有像外婆那样黑的发吗？"

女人都畏老，妈妈也不例外。

如今的妈妈，害怕发胖，害怕掉发，害怕老年斑长满手背和脸颊。妈妈身体很差，患有长年慢性病。

每次回家，我都要像对孩子一样，嘱她别操心，多吃点，照顾好自己。告诉她老染发对身体不好，人之至老，有一头飘逸白发很美丽。

然后，我和爸爸一起夸妈妈，说她不染发时，白发如雪，映得一张脸，生动得很。

妈妈便望着爸爸依然茂盛的黑发，很无奈地笑，说我们哄她呢。

我知道有一天，我也将鬓如霜。我的一头三千烦恼丝，不再像植物，只要大地春回，气候变暖，就焕发生机——那时，我白发如雪，皱纹如壑。

那时，我一定让我的白发，在风中飘扬，一定让我的笑容，像菊花灿烂。

只是，这一刻，我慢吞吞地洗发。水汽氤氲里，有青丝变白头的体味。

一个人的内心安稳

时间的河流太阔、太深、太长,不可能冲走人世间所有的空洞情意。

一个人,内心安稳。

不说话。或者,没有说话的欲望。

做一些事。或者,不做事。

有人短信问:"在干嘛?"

我回说:"发呆呢。"

真的是,傻傻发呆。

这刻,电视坏了,一开,图像不显示,只发出"嘀嘀嘀"声,赶紧关闭。

以前,开着电视不看一眼,只为有声响,不使空间寂静如井。

这刻,窗外很多鸟在鸣,叽喳叽喳,说些什么呢?

楼上剁案板的声音隔几堵墙传来。咚咚咚,咚咚咚。剁水饺馅、菜泥、肉泥吧?

这楼,小小孩儿很多,他们需要父母精心为他们准备精致的食物。他们常常在楼下空地上,跑跳着,嬉闹着,扬起红红的脸,说出清脆童音。出家门或回家时，遇到他们，我总忍不住笑，心是柔软的。

一个人，有安稳时刻，多么好——

工作安稳，收入安稳，孩子安稳，现世安稳。拥有这些安稳，不怕出现变故呢。

一个人，有不需要对话的时刻，多么好——

想说话，便自言自语，自问自答。不担心说错，不担心逻辑混乱，不担心语调温柔或严厉，不担心想法不现实或荒唐无比。睁眼或闭眼，陷入冥思。

一个人，有孤独时刻，多么好——

头发散乱，衣履不整，身心放松。或站，或立，或坐，或卧，多没形象就多没形象吧，谁看去眼里不忘呢。

白墙上，木质挂钟的锤形钟摆晃呀晃，晃左晃右，晃右晃左，无声，节奏固定。钟的三角形稳定面容，是用来提醒时间流逝，不容虚掷。

可虚掷如何，不虚掷又如何呢？时间的河流太阔、太深、太长，不可能冲走人世间所有的空洞情意。

屋角有四支芦苇，从初秋的山上折下，带回家，已经半年。半年里，它们不知疲倦，以一种姿势站立。

每每看它们，总觉得仿佛有一阵山野自在的风，微微用着气力，拥抱我，让我的身体，也如一支芦苇一样，摇曳着。

窗台下，那盆万年青养了两年半，一直以清水喂养，仍葱郁。

我闹不明白，这片片细长叶，这片片深绿叶，靠什么样精神支撑，在我如此的不负责任下，仍然，一贯呈现盎然生机给我看？

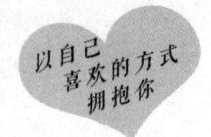

茶几上,青瓷瓶里的玫瑰半枯,花苞紫黑,枝叶干瘦。

曾问过专业研究花草的人:"为何玫瑰在我家,从来没开成满满一朵?"

回说:"要有阳光投射,要有温度。"

哦,以后记得,花草也需要阳光。

我也需要阳光呀!便站窗前,看阳光在树梢,在墙角,在那株开得满满一树白花的栀子上,明亮如炬,闪烁银子一样的光。

站着,我缓缓伸出双手,接两掌阳光。然后,不错眼看着掌,慢慢,由冰凉变温热。

这时这刻,我的内心安稳。对未来,没有设想。对现在,没有奢望。对过去,没有记忆。

心如蓬门为君开

在现代都市,你我的热情在心里,坚持着,隐忍着,内敛着,激越着,像一粒种子,等待适时适地的阳光、雨露、尘土,然后,萌芽,长叶,开花,结果。

如果,我和你,相遇于一座孤岛,我和你一定会成为朋友。

我们将同甘共苦、相互扶持、相互温暖,一起看星月浮沉,一起看太阳升落。如果，不得获救，我们将相伴终老。

如果，我和你，相遇于一座闹市，我和你也许会擦肩而过。

茫茫人海，有太多迎面而来的人，我弯腰系鞋带的那一瞬间，你也许昂然走过。

如果，于千人万人中，没有早一点也没有晚一点，突然，我们目光相遇，那么，执一生时光，你我也许在一起。

所以，不要说现代人"相邻犹隔万江远"，也不要说"老死不相往来"。

从来，人心是一个容器，只容得下一个人的爱情，三五知己的友情，至爱家人的亲情。我们无法，收纳所有人的爱，付给所有人的爱。

如今，现代文明飞速发展。所谓现代文明，"是有人的位置、物的位置，不只是空间，却还有人世，不只是地球与国际，却还有天下世界"。

天下世界近在眼前，可触，可感，可握，可知，风起云涌，异彩纷呈，地球仅是一个大大村子——我们却叹息：我们失去了从前的和缓与从容之美，失去了从前的远亲不如近邻的亲密之美。

从前是怎样的呢？

胡兰成在《山河岁月》里这样描述："堂前有嘉宾，主人陪着在说话，家里的妇人与小孩皆觉得晌午的光阴如天如地，新妇出来到客人面前安箸布菜，檐下初夏的天气照映得人的眉目和杯盏都是新的。"

胡兰成还这样描述："中国的深宅大院有悠悠人间的光明，外面小巷亦有一种深意，可以散步逍遥……房间自身亦有生命，它只要在

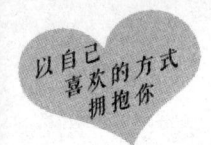

那里，就使人安心。而虽住的人多，亦画堂悄悄双燕语，而墙外行人亦闻得见墙内佳人笑。"

这样的从前，真是时光缓慢，岁月静美，现世安稳！

然而，我们回不去，我们也不愿回去——"舍南舍北皆春水"的山居住所固然好，但没有电灯、电视、电脑、手机，我们如何过日子呢？只怕，悠哉不了几天，欢喜不了几天，就拔腿快快逃离了。

如今，我们袖着手，心满意足地享受现代文明带来的种种便利，付出的代价是：住水泥森林，吃方便食品，头无一寸天，脚无一席地。

我们的周遭和环境，相较从前的安宁静谧，皆面目全非。

我们还怎能日日葆有"肯与邻翁相对饮，隔篱呼取尽余杯"的心意呢？

车流如织，人际疏离，忙忙碌碌，心意杂乱，不识邻人面，不敲邻人门。

现代都市呈现这样的人际关系，实在是因为，生活节奏快，竞争意识强，信息内容多，工作压力大，导致我们忙而不闲、乱而不安呀！

在不闲、不安的匆匆日子里，花径不曾缘客扫；你我陌路。但不是说，因此，我心里没有了对人、对事、对物的感恩、感动、感激；不是说，面对陌生人的求援或友好，我不立刻伸出帮助或同样友好的双手。

我心不淡漠，我手不寒冷。我仍待人真诚，平和洁净。我仍怀一颗善良之心，看四季轮回，看人情温暖，看人世美好。

如果，我和你，相遇于一座孤岛，选无可选时，你必是我的唯一朋友。我们深谈，欢乐，愁苦，亲密。

如果,我和你,相遇于一座闹市,彼此有选之又选的条件时,你我也许错过,你我也许迎面不识。

但是,我心如蓬门,依然为你敞开——你来敲门,我露出的,一定是一张盈盈笑脸。

而且,我知道,你心如蓬门,依然为我敞开——我去敲门,你露出的,一定是一张盈盈笑脸。

所以,不要说"人心不古",也不要说"人情冷漠"。

在现代都市,你我的热情在心里,坚持着,隐忍着,内敛着,激越着,像一粒种子,等待适时适地的阳光、雨露、尘土,然后,萌芽,长叶,开花,结果。

喜欢自己

再问自己,为何而活,活着为何?能不能大声说,发自心底真正喜欢红尘万丈中囫囵一个自己,喜欢不修不整、不遮不盖、不抹粉、不涂脂、不设防真真实实一个自己?

一部外国电影里有这样一个让人欲忘不能的镜头:

一位风韵尚存腰杆笔直雍容华贵的老妇,对一群豆蔻少女严肃认真地谆谆教导:"你们梳妆打扮完毕之后,必须记着,要抬头挺胸,

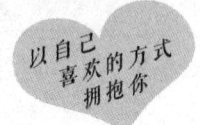

要充满自信,要对自己说:'我青春,我美丽,我性感,我魅力十足,所有男人都喜欢我。然后,对着镜子做一个最甜美最风情的微笑,容光焕发出门去。'"

无独有偶,居澳10年的大学同学回国,他谈及在澳"洋插队"的生涯,酸甜苦辣都如鲠在喉——

最初举目无亲寄人篱下,他过着寻工打工换工的劳累日子。

每天,他在早起匆匆盥洗后,总用五分钟时间在镜前,告诉镜子里一贫如洗的自己:"我年轻,我精力充沛,我心情舒畅,我看起来能干极了,我一定能成功!"

这样的做法,他十年如一日地坚持了下去,到他有所成就时,他仍如此做。

他说:"我必须喜欢自己,必须自信满满,然后才可论及其他。"

静时,想象这两幕顾影自怜自爱之画面,不觉莞尔。

日常,我们爱人、爱钱、爱地位、爱古董、爱珠宝,爱一切所爱一切情不自禁去爱的身外之物,倾注所有热情,全身心投入。

我们便看到,所爱之人之物在视线中夺目耀眼熠熠闪光,不由自主扑入眼帘。于是,爱人之人叹"为伊消得人憔悴";爱钱之人叫"除了钱,我什么也没有";爱权之人说"我很忙很忙我忙忙忙……"

在如此"忘我"境界里摸爬滚打日复一日,难得偷一分闲时,细细将自己从头观到脚,却惊问:"我是谁?"

我是谁呢——

隔夜的宿醉清晰留在脸颊迷迷糊糊那人是谁?

双眼茫茫殷红如兔困顿倦乏那人是谁?

急步从一楼走到四楼气喘不匀心脏狂跳那人是谁?

头晕目眩感冒咳嗽胃溃疡常常相伴神情痛苦那人是谁?

我是谁呢——

一撮白发何时偷偷长在鬓角迎风飘扬满头不再漆黑闪亮?

一些皱纹何月悄悄刻在额际沟壑纵横肌肤不再平展?

一种冷漠何季常挂嘴边声色不动表情不再灿烂?

一份沉静何年潜入眼底水波不兴心旌不再荡漾?

我是谁呢——

轻风无意去留,浮云无心来去,细雨自如飘逸,薄雾转瞬即逝。漫漫岁月中,谁为我停留一程?谁为我驻足一站?谁为我痛哭一晚?谁为我开怀一刻?

我是谁呢——

太阳照耀大地,月亮辉映天宇,星辰生生灭灭,草木枯荣有序。长长生活里,什么精神刻在心底永恒不灭?什么物质握在手中真正占有?什么人挂在嘴上常思常念?什么名利裹身桂冠在额昂头而视?

问自己,情为何物,钱为何物,权为何物?问自己,种种欲望为何物?再问自己,为何而活,活着为何?

能不能大声说,发自心底真正喜欢红尘万丈中囫囵一个自己,喜欢不修不整不遮不盖不抹粉不涂脂不设防真真实实一个自己?

喜欢自己,简简单单一种情感,无论旁人看我成王或败寇,视我巨富或穷汉,说我良善或性恶,评我美艳或丑陋。

世界广大,精神之需物质之求无始无终无止无境,太多欲取之物眼花缭乱目不暇接,我留多少时间呵护自己、热爱自己、关注自己?

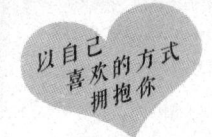

万事之初,从喜欢始;万事之末,以喜欢止。人说"凡事种种,无愧于心。"想不想说"所做种种,皆因喜欢自己。"

喜欢自己,便能神采飞扬脸露笑容快快乐乐出门去;喜欢自己,便能春意盈怀秋气绕身闲观花落座看云起;喜欢自己,便能喜欢其他、珍爱其他、善待其他由我及你。

不要劳力劳心眉头紧锁身心俱疲,把自己彻彻底底交付给世俗间如风来去的利碌功名,从而让自己在这辈子仅存活一遭的一副皮囊一颗心灵随便置于哪个旮旯处,受土蒙尘或亡命超负荷打打拼拼。

只因,在稍纵即逝华年易去岁月峥嵘不再回头的生命里,有情有义有欢喜有体验的只是自己,其余所有身外之物,如雁过无痕风过无声雨过无迹。

花朵的欢愉

深黑、浅绿、蔚蓝鞋面上,红花绿叶鲜艳夺目。仅仅一眼,就有浓郁春意荡漾,仿佛桃花李花纷扬的日子,不禁生出"笑语盈盈暗香去"的喜悦。

每次回老家过年,必去那家专卖绣花牛仔裤的小店。

去年,买了三条绣花牛仔裤。

第四辑 /喜欢自己/

  这次,带回五条绣花牛仔裤——三条阔腿长裤各呈雅致、妩媚、粗犷风味,一条紧腿七分裤可配靴、可当夏裤,一条修身紧腿裤既实用款型又好。

  每条裤上,各色花朵开放在不同部位,或缤纷如闹春之景,或孤独似残冬剩蕾,美轮美奂的绣花图案或鲜艳或泛旧,让我,爱不释手,掏银子不眨眼。

  过罢年,穿一套牛仔服去上班。牛仔衣的双袖绣满红色桃花,牛仔裤的左腿管绣一只巴掌大飞舞的红凤凰。

  因患绵长不绝的严重感冒难痊愈,遂找出一条中段桃红色、两端翠绿底色上开满红牡丹歇息孔雀的长围巾将脖颈裹上。

  这样花团锦簇装束,使病中的恹恹心情,飞速转换成一团喜气洋洋。

  临下班时,女友来电话,说托她邮购的绣花鞋快递到了。立马跑去她家,于一箱十双绣花鞋里,挑出要的四双,乐呵呵提回家。

  回家后,将八只绣花鞋堆在沙发上细细观看:深黑、浅绿、桃红、蔚蓝鞋面上,红花绿叶鲜艳夺目。仅仅一眼,就有浓郁春意荡漾,仿佛桃花李花纷扬的日子,不禁生出"笑语盈盈暗香去"的喜悦。

  如果穿上脚呢?

  呵呵,到底是爱美女子,实在不能拒绝这样赏心悦目的鞋子。

  于深夜明亮灯下,将一双双绣花鞋往脚上套,边套边想象春深初夏爽秋时节,天气转暖,阳光倾泻如雨,裸足因绣花鞋而生辉:千层底的柔软布鞋步步轻盈,婉约的传统风情步步花开。

  这一幕,实在是很能愉悦自己的画面。忍不住,我轻笑起来。

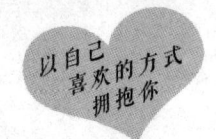

一向以来，喜欢花朵图案的衣物。

那些艳丽或素淡、大片或零星的花朵，被手工、被机器绣在布上，缝制成衣物，花朵便活起来一般，充满水性和色泽，令衣物散发出惊艳风情，令穿衣穿鞋的人，如同沉潜在时间深处，独自体味属于自己的繁华盛世。其心迹，不为人知，也不为人理解。

绣在衣物上的花朵是什么呢？

在我看来，是"时有幽花一树明"的欢愉，是"人面桃花相映红"的欢愉，是"几生修得到梅花"的欢愉。

花朵好。

欢愉好。

心情好。

日子好。

所以，不断有女友问："买那么多绣花牛仔裤、绣花鞋，是要开店卖吗？"

每次，我都快活地回答："自己穿呢。"

真的，这些绣花裤、绣花鞋能够带给我"自在飞花轻似梦"的欢愉，有时恍惚里，觉得自己也是一朵花。

披肩风情

喜欢一样东西，有时不需要理由。而且，喜欢的，大部分都得不到。如此，花几十元、上百元，就能轻松买到自己的一个喜欢，为什么不满足自己？所谓花小钱赚大便宜也。

这个冬天，一如既往喜欢披肩。大大、长长、柔软、厚实、温雅、民族风情的。

常常，散乱一头长卷发，套一条穿了十几年的紧腿黑色牛仔裤，登一双高帮黑色靴子，毛衣外裹一条披肩，这样流苏飞舞、行色匆匆地走在微寒风里。

斜披，环绕，系结。心情愉快时，便演绎披肩的各种系法。

一次朋友聚会，我将一条在街头小店淘来的，黑底黄藤红花羊毛大披肩左缠右绕后，用一朵游西藏时，在拉萨买到的尼泊尔紫色胸花别牢，携一股寒气走进酒店门。

一男人立刻就说："你像三毛。"

"哪像？是服装，还是一块厚实布料下躲藏着一颗想浪迹天涯的心？"嘴上只是笑说，"不过把家里的毛毯裹了出来。"

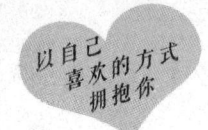

一次在一家店里，碰到所有围巾打五折。我几乎是扑过去，一条一条往身上挂。这条要了，那条也想要。

和我一起逛街的女友看我痴迷忘情，忍不住大喝一声："还买呀，还疯狂到何时？"

冷静想想也是，只好嘟囔："那，先买这条，红蓝黄紫绿条纹，衣柜里没有这款。"

女儿曾认真评论说，这样装扮，符合我的风格，民族风的优雅里透出一点点不羁。

女儿的审美观点，有时让我惊奇。

比如夏天，她死活要我买一条牛仔热裤，理由是她妈妈的腿细而直，穿上保证好看。她常常诲人不倦地教导我，不要觉得自己太老，这不能穿那不敢穿，只要感觉美，就可以秀出去。

而我则觉得，喜欢一样东西，有时不需要理由。而且，喜欢的，大部分都得不到。如此，花几十元、上百元，就能轻松买到自己的一个喜欢，为什么不满足自己？

所谓花小钱赚大便宜也。大钱咱花不起，并且，大钱花出去，并不一定就能带来大快乐。

《荷马史诗》里，描写维纳斯，说她身上经常带一条上面绣着奇奇怪怪花纹的带子，带子里面"包藏了她的全套魔术，有爱和情欲、以及要把一个聪明男人变成傻子的甜蜜的迷魂话语"。

这条彩虹一样的带子，让爱神维纳斯充分展现了爱与美的魅力。专属女人的美丽披肩，是由此而来的吗？我喜爱的披肩里，包藏了什么？

记得电影《滚滚红尘》里，露台上，章能才用一条黑底红花的大披肩裹住沈韶华和他自己，两人躲在披肩底下且吻且舞。

那条披肩，据说是三毛的。或许，三毛曾裹着它，行走在撒哈拉大沙漠中。林青霞和三毛，这两个女人都有太多的故事和风情，让人为之动容。

人的心思，总是不可捉摸，尤其女人。

有女人说过，如果你暂时没有爱情，就和美丽衣服做情人，善待这些衣服，你的爱情就不远了。

认识的一个女人，离婚后，租房住买车开，过着青春尾巴飘扬的快乐日子。

问她："车是消耗品，为何不买房？"

她答："买房是男人的事，我要开车寻找爱情。"

后来，她果真找到了爱情，在一次自驾游中。

如今，有车的朋友都说，生活品质提高，生活半径扩展，生活方式多样。

或许，这是个才色兼备的时代。女人有车，有美丽衣服，还有一大堆披肩，爱情真的会近在咫尺了。

银　饰

　　不消片刻，爱上一款长链吊一个绞着扁扁圆球的。挂上耳，微微沉，头轻轻摇，圆球便如钟摆一样，晃呀晃呀，顿时让一张脸，妩媚生动起来。

　　逛着街，不知不觉又踱进一家银饰店。

　　对银饰，是"我一见你就笑"的满心喜欢。

　　那些小巧的精制的物品，在一个个小格子里，静静泛着光。这光，不夺目，不招摇，不让你眯起眼，躲避什么似的；也不让你视而无睹，仿佛暗夜观花，睁大眼，仍觉迷蒙一片。

　　照例先看耳饰。

　　垂挂的、贴耳的、线条简洁的、花样繁复的，我将入眼的一一取出，举到耳边比试。

　　不消片刻，爱上一款长链吊一个绞着扁扁圆球的。挂上耳，微微沉，头轻轻摇，圆球便如钟摆一样，晃呀晃呀，顿时让一张脸，妩媚生动起来。

　　问女友："好看吗？"

　　"当然好看。"

我便在心里说服自己："那形如花朵的耳环不知搁哪了，该添置新的了。"

如此，找到牵强购买的理由后，心亦安宁了。

再看银手链。

细细看过，却没见着很喜欢的。不禁想起在另一家店，遇见一串由许多小圆珠缀成的链，系上腕，喜欢得不行。可价贵呀，简直像抢钱。犹豫再三，不买。

可离开小店后，仍心心念念，仿佛年少时恋上一个惊鸿一瞥的背影。

这一两年，银项链是不花时间细看，也不买了——不喜在脖上套"绳索"。曾买过一些项链，皆随便放入抽屉中，让美丽的它们，随时间流逝而黯淡。

前段，有一天穿一套棉质宽松黑衣裤，人如黑珍珠般，便从抽屉深处找出一条银链来——链子简单，吊坠却别致，珍珠大圆球下，细小圆球连接起的流苏散开垂挂。

这条银链绕脖，像暗黑中温柔的光。

第二日，不穿这套衣了，项链又被搁置在抽屉中。

目不暇接时，女友悄悄将耳环款付了，她说："送你啦。"

如此，我晃着两耳的银圆球，欢欢喜喜出了银饰店的门。

一向以来，饰品里，我对黄金不喜——俗艳的贵气，要有日子的富裕，要有衣食无忧的从容，才能相匹配。否则，就是大红与葱绿混搭，极易透出乡气。

我对玉器也不迷——爱则爱矣，那晶莹剔透的容颜，似美人吹弹

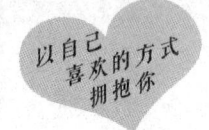

就破的肌肤，但易折，须小心翼翼相伴。不然，将无端生出"宁为玉碎，不为瓦全"的决绝。

我对银饰，有"与君初相识，犹如故人归"之感。

我最早拥有的银饰，是一只镯子。

祖母年轻时经历过大富大贵，却由于祖父抽鸦片，将家产败光后，丢下祖母早早守寡，自己去了另一个世界继续吞云吐雾。

外婆家里历来穷，外公早早病逝，外婆一个寡母拉扯大我的四个舅舅和我的妈妈。因而，我出生时，祖父和外公已不在人世。因而，爸妈继承的唯一遗产，是祖母和外婆曾经戴在腕上的一对银镯。

四只镯子，兄妹四人一人一只。都是扁扁的，有古朴花纹，十足老银。

我的那一只，如今断成两截，躺在抽屉里——同事曾闹着要我取下，大伙传看。一男人将之用力掰开，想套在自己粗大手腕上，不曾想，"咔嚓"一声，断了。

那刻，心微微疼，却笑笑说："没关系，不值钱的。"

银是温润的。古之银饰，战国就有。想来《诗经》中"窈窕淑女，君子好逑"的女子，腕上一定环佩叮珰。

想来，又称钏镯、跳脱、条脱、臂钗、腕阑的手镯，由银子烧炼、雕、镂、打磨后，套在腕上，与鬓影钗光、心意旖旎的女子一起，展露千种风情，怎不让男子情不自禁说出"执子之手，与子偕老"的亘古誓言呢？

如今，爱着银饰，像爱着日子中温润、不奢华、不炫目的感觉。

日子是闲静安稳好

我们母女的元旦,桃板不换,梅花无踪,家里有水仙隔岁香,日子是闲静安稳,已经很好。

新年第一天,睡到自然醒,仍不肯睁眼,迷糊在温暖被窝里。

窗外有鸟鸣,清脆入耳。仔细听,是两只鸟在对话。叽叽喳喳,不知在说些什么。

我猜想,应是情侣,正交颈温存,语调不疾不徐,柔软好听。

起床后,泡一壶普洱茶。

打电话到喜来登酒店,预订自助餐厅席位。居然,不吸烟区早没了空位。服务生问:"吸烟区可以吗?"

我只能说:"当然可以。"

女儿换好装——板鞋、牛仔裤、灰色短外套、粉红长围巾。女儿说:"妈,你要穿喜气点,那件红衣服,很好。"

披风式的红衣服,左右衣襟各缀几块杂色方块,左右下摆各缀三个小铃铛,走路时,发出细小声响——铜质金属相撞的声响,我认为,很干净,很悦耳。

那么,好吧,穿吧。

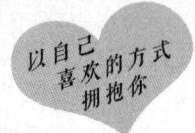

穿上红衣服，系上黑围巾，戴上黑帽子，套上黑靴子，喜气洋洋地，笑容满面地，与女儿手挽手，去狂吃。

大快朵颐，奢华享受，是迎接新年最合适的仪式。

如此，吃了一盘又一盘。如此，拿着空盘子，转到甜品区，遇见甜品大厨黛西。

可爱的黛西一看到我就笑，搂着我的肩叫"亲爱的"。她说："你怎么好久不来了？你的书我早看完了，真好看。你怎么有那么好的心态？我要向你学习。"

一叠声说完，她紧接着说："我要送你一份新年礼物，你吃完后记得找我。"立刻转身忙碌去，再没时间搭理我。

我看她忙如陀螺，端出一盘又一盘亲手制作的美味糕点，摆放在长长的餐台上。

黛西送我的新年礼物，是她亲手做的芝士蛋糕。

芝士蛋糕是我和女儿的最爱：浅浅奶黄颜色，浓郁清甜香味，细致紧实口感，入口即化，实在是极致美味，实在是厦门最好吃的蛋糕。

蛋糕提回家后，切一半，分给住楼上的女友。顷刻，女友从家里发来短信：哇，太好吃了，太太太太好吃了！

谢谢亲爱的黛西。这份礼物，让我的味蕾，情不自禁欢笑，让我的舌尖，情不自禁舞蹈。

下午，与女儿手挽手，在街上闲逛。

街上人流如织，商场里人流如织。

女儿问："是不是，所有厦门人都像我们一样，不待自己家里，都跑到街上来了？"

我嘻嘻笑:"你要过节,别人也要过节,所谓过节,不就是闲逛吗?"

在一家小店,买一条蓝白棉麻长围巾。

小店老板是我的"粉丝"。她常读我的书和文章,常看我的电视节目。她女儿去年高考考上北京一所大学,将我的书和行李一起打包,带去北京。

她说:"围巾送你啦。"

我不肯收。

她笑说:"那好,给50元吧,半卖半送。"

在另一家品牌店,买了两套家居服。

女儿那套,颜色桃红。我的那套,花花绿绿灿烂——居家时,两个艳丽身影,晃在房间里,或聚一起交谈,或各据一台电脑忙碌。如此,寒冬冷冽里,我们母女的心情,一定有温暖。

晚上,与女儿安静居家里。

想今日是元旦,是"四气新元旦,万寿初今朝"之好日。我们母女的元旦,宛如宋伯仁《岁旦》里的描绘:"居间无贺客,早起只如常。桃版随人换,梅花隔岁香。"

我们母女的元旦,桃板不换,梅花无踪,家里有水仙隔岁香,日子是闲静安稳,已经很好。

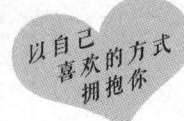

生 日

  许多年后,我惊讶于一些初衷未改,像时光停驻,心意仍在。还记得,旧时飞絮。还记得,过去心情。还记得,生命短暂,快乐稍纵即逝。

  想想,就困惑。明明生日是自己的事,为什么要找一堆朋友来祝贺?

  但如果悄无声息,将这个日子湮灭在平常中,没有蛋糕、蜡烛、许愿,没有特意为自己买一份纪念礼物,那么这个日子,就感觉有点怪怪的。

  多年前,一位相交多年从未谋面的远方文友来厦门,相谈甚欢时,不知说起哪个话题,居然发现,我们是同年同月同日出生。

  那么奇巧的事,我自然不信。

  他掏出身份证。

  我看一眼身份证上的出生日期,心里立刻异样起来——亲切、亲近的感觉,在瞬间,倏忽而至。

  聊起来,每年,他过农历生日,我过新历生日。所以,这几年,他过生日,我便发短信祝他平安快乐。我过生日,他便发短信嘱我要好好爱自己。

可今年,我居然忘了我们的农历生日。那日忙完已是晚上九点,回到家近十点,饥肠辘辘,就泡一碗方便面吃了。

第二日中午,想起什么似的,跳起来,立马查日历,赶紧给他发短信。

他回说:"昨天惦着你,却没你号码,手机丢了。"

我的生日在年尾,日子好记,几位相交二十多年的老朋友一直都记得。这日,他们从各地打来电话,声音熟悉,唤起一系列旧日记忆:

某人是文友,年轻时,我们比赛谁更勤奋,文章写得多;

某人是旧同事,生日早我一天,记得自己就不会忘了我;

某人爱过我,曾经说过,我是他生命中最重要的女人……

呵呵,往昔已矣,遗忘让人坚强,记得的人和事,让人感觉生活的美好。

这日,照例晚八点多才下班。

我提早一站下公交车,进面包店买个小蛋糕——既是晚餐,也是生日蛋糕。

夜色温柔,寒风萧瑟,匆匆往家赶。

这时,手机响起。两位女友说:"在去你家路上,买了花和蛋糕。"

她们异口同声地说:"不是嚷嚷没人送你玫瑰吗?女人不送女人红玫瑰,送你11朵浅粉玫瑰,希望你喜欢。"

接过花束,我满心欢喜。

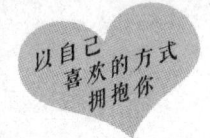

女人的女友,常常是,体贴体己,能够带来欢天喜地。

年年生日,都写下一些文字。

二十几年前,写下这些:也许 / 这是我的幸运 / 没有人允诺什么 / 或做一次小小奉献。

还写下这些:除了把自己给予自己 / 能够取得的很少很少 / 除了结束的结束 / 开始的开始 / 能够洞悉的很少很少 / 除了岁月裂为两半 / 一半陈旧一半崭新 / 能够把握的很少很少。

回首读这些文字,心里还是清楚知道,许多东西、许多好东西,仍然不太容易属于我,不要也罢。只是奇怪,为何二十几年前,就有这样的意识?

生活中,能让人自主选择的事物并不多。

许多年后,我惊讶于一些初衷未改,像时光停驻,心意仍在。

还记得,旧时飞絮。还记得,过去心情。还记得,生命短暂,快乐稍纵即逝。

生日这天,是个用来制造惊喜和宠爱自己的日子。

还有,这天能够清晰地提醒我:内心深处僻静一隅,像口小池塘,有轻风微澜,有草木葳蕤,有鱼儿戏水,但从来,没有人到来过。

把时间过掉

人生的有些时间,是不被赋予任何色彩的,像古语的虚词,仅起过渡作用。这些时间,只是为了在最难将息、抱影无眠时,将之过掉。

这段日子,人慵懒着,诸事不肯尽心尽力,且做了,集中精力了,效率似乎并不高。

从来是个麻利人,大概属相为兔,便"动如脱兔"。

记得很久以前,刚参加工作,在当"老师的老师"时,有一次,我们培训处一人分一大叠全市期末复习资料装订。三下五除二,大家完成一半时,我已洗净手闲坐一旁。

事后,一位好心同事偷偷劝告我:"不能这样,领导见了,会以为大家皆埋头工作而你袖手游荡。"

呀,瞪圆眼,百思不解。

这段日子,家里一个水龙头漏水,大概橡皮圈坏了,懒得修,也不会修。

起先,水滴地板。一夜后,卫生间水迹透亮,便疑心是瓷砖底下水管破漏所致。

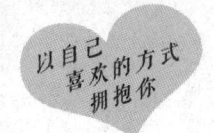

想到要请工人，还要挖地板，又要花费银子时，头瞬间大成两个。

待查清仅是盥洗盆进水管出了问题，立刻长舒一口气。小事嘛，简直可以置之不理。

然而，地板日日潮湿也生厌，便找出一个大杯子放在水滴处，一夜正好收集一杯。

坐在书房，清楚听到水滴之声。一秒一滴，一滴一秒，持久，不间断。

这时，便想起所学专业里的一个故事：

死刑犯被告知将被蒙上眼，割脉处死。

死刑执行时，执行者不断告诉死刑犯，

锋利的刀割下了，痛吗？

血流出了，一滴一滴，听到了吗？

血滴进桶里了，小半桶了，你已经失去三分之一的血了……

这是你最后几滴血了，你将死去……

你剩下五滴血了，四滴了，三滴了，两滴了，一滴了……

这时，犯人死亡，所有症状表明死于"失血"。

其实，血滴声音仅是水滴声音——犯人仅在手腕上被割了个不致命的小口子，犯人死于心理暗示的极度恐怖之下。

当初，听老师讲完案例，我们都笑了。清脆笑语，是所谓"少年不识愁滋味"吧。

这段日子，不知怎的，越来越对"时间"这个词感到惊心。

安静时候，郁闷时候，无所事事时候，都能特别清晰地感知时间滴滴答答走动，一日一日，一月一月，眨眼，一段时间又没了。

而我，是到了知道韶华易逝的年纪，是知道一夜时间，有杯子接着，不过留下一杯清水，没杯子接着，就是"归云一去无踪迹，何处是前期"了。

发短信给远方女友，说：春眠不觉晓，心里恹恹，忽觉诸事意义不大，这样心态，不似少年时。

女友正忙采访，没空与我闲聊，只干脆利落地回说：郁闷难免，把时间过掉，就好。

把时间过掉，简单的五个字，如醍醐灌顶。

以前，我执着于时间的意义何在，执着于不该虚度年华的思想。其实想想，人生的有些时间，是不被赋予任何色彩的，像古语的虚词，仅起过渡作用。

这些时间，只是为了在最难将息、抱影无眠时，将之过掉。然后，再来的时间，就会好，就会振作，就会进入"连呼酒，上琴台去，秋与云平"之态。

这段日子，我该沉默，放任自己的不努力不勤奋，静静地，不喜欢也不埋怨地，把时间过掉。然后，一切就会好。

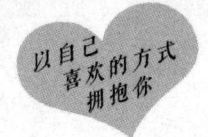

侠的世界

梦里，横刀立马，义薄云天；梦外，买菜煮饭洗衣拖地的俗女子一个。这样繁杂现世和旖旎梦想隔离，远远对视，仅留一隙窄窄通道让思想来去自如。人生如此，也很好呀！

什么时候开始读金庸，记不清。读过多少金庸的书，也记不清。只记得多年前著名歌唱家胡松华来厦门，以"侠情义韵"四字赠我。

落款处，老人写着：静芬小友之念草篆侠情义韵赠君似如其人也。他笑说："感觉你像个女侠。"

想想，啥时有了关于侠的梦？

很小时候，夜凉如水，蛙叫虫鸣，沐浴月的清辉，托着腮，幻想的翅膀就高高飞翔：一袭白衣，裙袂飘飘，仗剑走江湖。忽一日，遇一个骑白马、风一样旋来的青年，他俊朗，目光如剑⋯⋯

然后，读了金庸的小说，一本又一本，读到夜深人静仍不肯释手。蜷在被窝中，灿烂的侠的世界在眼前清晰展开，终于明白了——

侠，这一字，念起来音调干脆，不松软不拖泥带水。可是，侠是什么？

侠是策马啸西风，仗剑走江湖；

侠是一把琴，一柄剑，一瓠酒，一个红颜（或蓝颜）知己；

侠是光明磊落，一笑一哭豪气冲天，只有"痛快"这一个词可以形容……

侠，只在金庸的笔下才豪气干云地出现！

这几日，多家电视台在晚间同一时段热播《天龙八部》。

一晚，守着电视与女友电话聊天。

女友说："爱极了杨过，呵呵，我爱美男呀！"

她在电话里絮絮叨叨："杨过清眉俊秀，杨过痴情不移，杨过幽默风趣，杨过飘逸潇洒，杨过激情反叛……'一见杨过误终身'呀，美丽优秀、惠质兰心如郭襄、程英、陆无双、公孙绿萼，都生生将一腔柔情付流水了。"

我则说："最心仪英雄萧峰。"

看着萧峰悲壮的一生，怎不让人热血沸腾又黯然神伤。武功、才智、心胸、气度、人品，傲然卓立于金大侠塑造的所有人物之上，谁能与萧峰比？

女人呢，那些美丽绝尘的女人，单单一部《倚天屠龙记》，赵敏、周芷若、殷素素、殷离、小昭、杨不悔、黄衫女子……哪个不是个性鲜明，哪个不是爱恨果敢，哪个不是女人中的极品？

聊着、数着金大侠作品中的人物，像数身边的亲朋好友，忽长叹一声，活了几十年，怎就没认识英雄了得如萧峰、痴情专一如杨过、洒脱豪气如令狐冲、家国大义如郭靖的男儿呢？

侠，是什么呢？

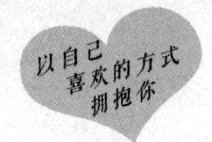

侠是刻在骨子里，融在血肉中，隐身在梦境里的。

梦只是梦，不可言说，不可当真。

梦里，横刀立马，义薄云天；梦外，买菜煮饭洗衣拖地的俗女子一个。这样繁杂现世和旖旎梦想隔离，远远对视，仅留一隙窄窄通道让思想来去自如。人生如此，也很好呀！

搁了电话，目光和心情继续起伏在乱世江湖中，不随夜的深浓而平静。

明日，秋阳仍灿烂。

快乐足球

我直着酸疼的腰和发硬的腿，嬉皮笑脸地说："设个最老女足队员奖给我，如何？"

周六中午，主任打来电话："有空吗，到体育中心参加一个好玩的游戏。"

"什么游戏，好玩程度如何？"我语气困惑。

"五人足球赛。"主任笑说。

"啊？"我忍俊不禁，"别说踢，足球我看都看不懂呀！"

"只要上场站着就行。"主任轻描淡写地回答。

领导指示就是命令，中午准时到达比赛场。

此时，微风阵阵，冬阳温暖。我穿一身红色运动服，双手斜插裤兜里，慢慢晃到主任面前："呵呵，不上场行不行？负责端茶递水加油助阵行不行？"

主任笑了，一脸阳光灿烂的坏笑："不行，这场比赛，非得上一位女的。"

"上就上呗，谁怕谁呀。大学时代咱还当过篮球队长、排球队长呢，大不了把球踢进自家球门，到时，别怨我！"

如此回答主任后，比赛开始。站在球场上，才猛然发现，想把球踢进自家球门，根本不可能——

队友视我如无物，球在"敌人"脚下如长在脚底，我连球边都难以碰到。于是，我踏绿草，浴阳光，一副闲庭信步之悠然。

还真当摆设？同事龙腾虎跃的身姿让我热血沸腾，怎么也得流几滴汗出一丝力吧？

咱不会踢，捣蛋总会，成为阻力总会吧？突然一念间，我明白了这种业余五人足球赛唯一女足队员应起的作用——

咱横在面前，"敌人"总不能横冲直撞吧？咱伸出脚，"敌人"总得迟疑一下吧？球在咱脚下，按规则，15秒内你一个大男人不能抢呀！

呵呵，跑吧，冲吧，长发在阳光下跳跃，红色球衣如火。

终于，球到脚下，按男队友教导："稳住，再想想传给谁。"

可是，白色的、圆圆的、可爱的、亲爱的足球，与我的脚底亲热不到两秒钟，那个身高体壮的"敌人"长腿一伸，球就到了他脚下。

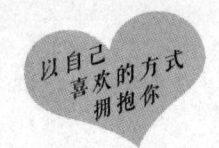

"15秒。"我只将嘴张开,一个音节还没吐出,又无奈地咽进肚里。

排成人墙,挡任意球。可是球有力地、笔直地旋转着朝我的脸射来,我顿时花容失色,下意识地举起左手。

裁判立刻吹哨:手球。

揉着险被砸断的指关节,听队友冲裁判嚷:"应算无意手球。"

专业裁判面对业余球员,利索地亮出一张黄牌。

为什么,不将双手藏兜里?谁让我打过排球、篮球?

点球后,失去1分,我内疚无比。

队友安慰我:"球射来,力量这么大,换成我们男人也会用手挡的,难不成让脸砸伤?"

我恨恨地说:"如果那时管得住手,我情愿让脸受伤!"

队友又教我一招:"任意球时,背朝着球。"

"那,砸倒了,岂不是死得不明不白?嘿嘿,再有任意球,你们男人挡住好了,我躲一旁观看。"

赛场外,拉拉队手舞彩带,"好球"的叫喊声高亢,"唉唉"的叹声尖利。

赛场内,办公室同事彬彬有礼的表情,统统演变成了进攻的激情,每一个奔跑的身姿都像出弓的箭。

两天踢了四场。

当赛事烟消云散后,主任为我戴高帽:"你是我们队的主力。"

我直着酸疼的腰和发硬的腿,嬉皮笑脸地说:"设个最老女足队员奖给我,如何?"

无皮也过年

年关年关,今年怎样过关?唐诗说,"欸乃一声山水绿";又说,"浮生常恨欢娱少"。呵呵,在年前,对时间敬畏,心有回忆,便好。

因了买房,据说第一个年得在自家过,年前便与女儿兴致勃勃上街,买春联、买福字、买年糕、买年货。

钢筋水泥城市中的年,像预料中的那样清清冷冷。

除夕夜,烧一个热气腾腾的火锅早早吃完,便守在电视机前,有一眼没一眼地看"春晚"。

期间,手机不离手,发微信收短信,右手每个手指舞蹈般,忙得不亦乐乎。

都是拜年话语,千篇一律没有新意,却不敢怠慢哪位惦记我的好人。哪怕号码陌生,不知谁关怀我,我也满心欢喜,用文字对他说上好几句祝贺新禧。

初一上午起床晚,将女儿装扮一新,自己却懒得梳妆,素一张脸与女儿去公园转了一圈,去繁华街道兜了一圈。

寒意瑟瑟,街清店冷,人们穿戴簇新,却都与我无关。

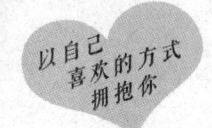

转回家,刚好中午,继续吃火锅。

初二爬山。初三打牌。然后几天怎样过的,已经忘了。那几日,平白没了记忆,像云消,像烟散,不留痕迹。

年味寡淡。或许,寡淡的是我一颗又老一岁的心。

想起小时候,对年的盼望何等强烈:新衣新鞋,两角压岁钱,爸爸做的红薯糖多美味——红薯煮熟,剥皮捣烂。面粉炒好,红糖下锅熬至筷子一沾能拉出长丝时,三者合而为一,擀成一条一条长条状,用菜刀切出糖果大小,每一粒糖沾一层熟面粉。

我总是等不及爸爸完工,小手就伸向半成品,嘴也张着飞快地一口一个吃起来。

想起成人后,常常于年前赶回父母家团圆。

父母家的年才是过年。除夕夜,十几口人,两张桌,大盘小碟盛满老爸退休后练就的那一身出神入化的厨艺作品:红菇鸭、香菇鸡、糖醋排、清蒸鱼、炒白果、烧面线……

下午四点起,左邻右舍的鞭炮声此起彼伏,没有安静空隙。门一闭,哥哥在门口点燃长长红鞭炮,噼噼啪啪声震耳欲聋,用以昭示去旧迎新,来年红红火火。

初一早上,吃罢老爸煮的太平面,随后,照例是穿戴一新的全家人在大街上没有目的地闲逛。

我们人多势众,十三个人横成一排或竖成一队。脚底是红红鞭炮屑,眼前是红红春联,鞭炮在身后时而响起,礼花在头顶时而绽放,一手牵小辈,一手挽老人,我们神闲气定缓缓踱步。

今夕何夕?过年呀。与父母一起过年呀。热热闹闹,喜气洋洋。

而离开父母,自己过年,终是寡淡无味:年糕是买的,不是自己蒸的;"拜年啦"三字是用手机短信发出的,不是用嘴说的;鞭炮是在电视里响起的,不是亲手点燃的……

转眼,一年又哗啦啦流去,像握不到手里的水。仿佛,只眨一下眼,只劳累一场,只好梦一宿——那么多日子都去哪了?年关年关,今年怎样过关?

有唐诗说,"欸乃一声山水绿";又说,"浮生常恨欢娱少"。呵呵,在年前,对时间敬畏,心有回忆,便好。

想起北宋时,余姚法性寺住持和尚写过一首《过年颂》:"大树大皮裹,小树小皮缠。庭前紫荆树,无皮也过年。"忍不住轻轻一笑。

旧信重读

逝去的岁月不是空心的,逝去的岁月丰满得像一朵秋天的麦穗,你像一个守望金黄田野的农人,当你重读旧信的时候。

被精心保留下来锁在抽屉中的一叠信件,似一块拒绝融化的冰。

当你涉过时间的千山万水,于一个偶然,目光重新投回起点,你会惊奇地发现:你所经历的一切仍伫立在奔腾不息的河川上,像一角

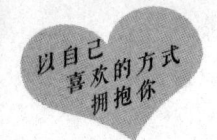

冰山,通透、晶莹,不曾因为年深月久和日晒雨淋而消融。

于是,你停下急匆匆旅行的脚步,择一处临水的草地坐下,重读一封一封旧日友人为你写下的文字,字里行间,仿佛有细密阳光闪烁。

什么样的一个友人交付给你的这份情谊?什么样的情怀下产生了这些文字?什么样的一盏灯照过你,或甜或苦或激动或平静地读着它们?你又怎样斟字酌句写了回信?

过去已经消失,说过的话语随风而逝,青春的风铃不再摇响,只有信件记录了当时。

当时,是多么热衷于在信纸上文采飞扬语句优美地与友人对话:

比赛着写信,看谁写得厚谁写得薄;探讨着问题,你来我往唇枪舌剑;倾诉着秘密,天知地知你知我知;还有,初恋时心慌意乱的情愫,热恋时激情满怀的幸福,失恋时天昏地暗的欲哭无泪……

经过种种,皆如幻梦成空,直面的一切,许多冲动已是不慌不忙从容不迫。

电话普及,拨几个烂熟于心的号码,千里之外友人的声音召之即来;或者上网,键盘一敲,电子邮件发出,回应之讯立马现于眼前,且字字工整句句珠玑。

然而,那些字体清晰或狂舞、象征友人个性的来信呢?那些等待青鸟衔鸿飞来的盼望日子呢?那些读信如读一本书的亦喜亦悲的情感起伏呢?

人之成熟,总是从拥有了闲看庭前花开花落的淡然开始,这时,再去细细思想人生是什么呢。

童年期,懵懂无知无觉只盼快快长大;青春时,未来好梦无数,仿佛伸手可及。然后，立没立业只有自己晓得，家是成了一个，孩子也养了一个，便开始赶时间、磨时间、杀时间，将属于自己的一世时间折腾得一塌糊涂。

再回首时，天还是那个蓝天，地还是那块绿地，月还是那轮明月，人却已不再是那个人了，脸上每缕皱纹都凸显着深浅不一的沧桑。

人之老，不是从肢体开始老起，而是从心开始老去。心老的标志就是，前瞻的时候少了，回头的时候多了。一步三回头，身后可看可触可抚的有什么？

范仲淹说，"塞下秋来风景异，衡阳雁去无留意。"其实，何止南来北往的大雁，一介凡人的人生本来就是去留无意的风。

因此，在急促的生命途中择机而歇，席地而坐，重新展读纸笺已经微微发黄的旧信，会有一种美好的情感在心中暗暗滋生。

旧信能够一个一个细节提示你，你所经历的，刻骨铭心永生不忘的也好，微小如蚁稍纵即逝的也罢，所有清晰如昨。

逝去的岁月不是空心的，逝去的岁月丰满得像一朵秋天的麦穗，你像一个守望金黄田野的农人——当你重读旧信的时候。

你装饰了我的梦

　　回忆过往一切，有时像气静心平再一次观看一部黑白老电影，没有绚丽斑斓五光十色炫目，没有无法预见惊险情节动魄，只有熟悉的人和事缓缓出现。

　　妈妈说，两岁半时的我爱笑爱走，常常一眨眼，就从屋里溜到屋外去了。

　　屋外是美丽的大世界，捏一团烂泥巴，捉一只甲壳虫，看蝌蚪在浅洼里摆尾，望夏蝉在矮枝上潜伏。

　　有一次，我竟不知不觉走失了。

　　屋里屋外、屋前屋后、左邻右舍、地里田头，爸妈急得一头大汗却寻不着我。

　　傍晚时，我被圈抱在一位解放军叔叔的双臂中回来了。

　　原来，叔叔在一块青菜地里捡到号啕大哭的我，将我带回营房洗净我的花猫脸，然后请了假抱着我挨家挨户找我的爸爸和妈妈。

　　那天，我扎一撮短短冲天辫，穿妈妈手织的红白相间线毛衣，妈妈手缝的花布背带裤，在叔叔怀里小脸红扑扑，满面乐呵呵，双手捧一个红艳艳的大苹果。

从这天始，在我们家附近营地当兵的这位解放军叔叔常常来看我，每次都带一个他专程留给我的苹果或一捧花生米或几颗糖果。

对于这段过去，我没有丁点印象。

爸爸说，那一年我五岁，妹妹两岁，他带我和妹妹回闽南老家，返回时一整夜的火车慢慢吞吞行驶，途中经过小站多得掰指不胜数。夜半恍惚里，我们下了车。一下车爸爸立刻傻眼：家在下一个小车站。

那时，前不着村后不见店，小站昏黄的电灯柱下只有我们，只有爸爸一手提大包小包行李，一手抱妹妹，衣襟上挂着我。

冬天寒风瑟瑟，铁轨长长伸向如墨远方，冰凌在树枝上悬挂，呵气立刻成霜。

无奈又无助的爸爸呆立着，往何处迈脚？

这时，天降救星。一位铁路巡道工下夜班欲回家，问问情况后，抱起我，简简单单地说："我送你们回家吧。"

冬季夜寒，两个男人肩背行李，各自怀抱一个小小女孩，偶尔交谈几句，更多的是不发一语急急赶路，一步踩一根坚实枕木。

天欲晓时，我们抵家。

巡道工叔叔放下我，喝一杯妈妈端上的热开水，说还得赶早班去巡道，立即转身渐渐步入天边露一线鱼肚白的黎明里。

而我和妹妹，睡梦正香甜。

关于这段过去，我有些朦胧的记忆。

和爸妈东扯西谈，幼年经历的这两个事件鲜明复活。

我一再问："那位解放军、那位巡道工是怎样一个人？"

爸妈答不出。

四十多年了，往事早已陈旧如泛黄的书页，心底一次次大浪淘沙，过往的许多雁过无痕。只是爸妈仍存一份深深感动，说，世上好人还是很多。

放眼望去，世上好人确实很多。

懂事以后，我常在毫不刻意间，记住茫茫人海里陌路人与我擦肩而过时，有人伸手帮衬我一把：或一句安慰话，或一个鼓励眼神，或一种帮助行为。

自此，天涯海角，永远不再相遇，陌路的他或她，成了我记忆中一道迷人的风景。

如同胜地名迹，当我置身其中，眼眸掠过琼花、玉树、美石，掠过山峦、溪流、海洋，掠过几千年文明历史，心旷神怡发出赞美之声，然后将这些瑰宝般的大自然与人类造化深刻印入脑里永远不忘，我也在不经意间记住了与我相关的陌路的他或她。

卞之琳有《断章》诗曰："你站在桥上看风景，看风景的人在楼上看你。明月装饰了你的窗子，你装饰了别人的梦。"什么人在何时何地装饰了我的梦境？我又在何年何月装饰过哪个人的梦境？

回忆过往一切，有时像气静心平再一次观看一部黑白老电影，没有绚丽斑斓五光十色炫目，没有无法预见惊险情节动魄，只有熟悉的人和事缓缓出现，像一股清清山泉潺潺流过心中，陌路的他或她是泉边几株或高或矮的树，青碧如春。

洗手做羹汤

不对生命怀有太多贪婪，不对时光抱有太多幻想，需求不多，索取不多，努力做心思单纯之人。

这几日，许多事不做，许多人不见，安心在家里，当系围裙的麻利厨娘。

每天晨起，将长发胡乱扎成一束马尾，套上旧T恤、牛仔短裤，趿拖鞋，脂粉不施素着面，悠悠然地，到菜市场转一圈。然后于各摊位前一番讨价还价或不讨价还价后，付出大票和零钱，再然后，提大包小袋回家。

回了家，同样悠悠然地，利索地洗、切、炒、炖。兜兜转转间，忙忙乱乱中，灶火熊熊，铁锅嗞嗞，抽油烟机呼呼，小小厨房，俨然是我的大千世界。

关于汤，做过猪肚炖莲子、水鸭母炖海带结、冬瓜干贝汤、苦菜干炖大骨、鱼头豆腐汤、萝卜排骨汤。

关于肉，做过糖醋排骨、红烧肉、卤猪蹄、炒牛肉、五花肉烧笋干、大蒜炒猪肝。

关于鱼，做过糖醋黑昌、清蒸黄翅、椒盐秋刀、红烧带鱼。

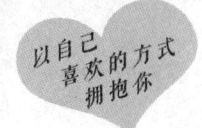

关于蔬菜,素炒过空心菜、丝瓜、南瓜、黄瓜、苋菜、高丽菜、西兰花,搭配过虾皮炒冬瓜、黑木耳炒绿竹笋、酸菜炒玉竹笋、大蒜炒山药、西红柿炒蛋。

关于水果,吃过荔枝、桃子、火龙果、樱桃、香蕉、木瓜、苹果、香梨、西瓜。

这样的日子,专注操劳吃什么怎样吃,庸常乏味中,不知不觉,竟生出富足感觉来,生出喜乐喜悦来。由此,心里是满满当当的安静和稳妥——仿佛,口腹之欲得到很好满足,是人活一世的根本;又仿佛,吃嘛嘛香,是人活一世的目标。

一向以来,对食物,我有永不厌倦的喜爱,希望不停地吃。

吃的乐趣,实在多多——

常常,内心空缺一角,没人能够安抚,只能以"吃"这个动作获取慰藉:色香味诱人的食物,先入眼,再入嘴,于舌尖上舞蹈,缓慢地,抵达胃,不消多时,化作热量,游走于血管里,携带温暖,抵达灵魂深处。

这几日,有陌生人不断打电话来,诉说一些情感困惑和挣扎的万分痛苦。有朋友不断打电话来,讲述一些江湖传言和深陷其中无法自拔的困扰。

我听着,像隔一层磨砂玻璃看人观物,努力凝神,却得不出真切印象。然后,有人在酒后一再认真地对我说:"你很幸福。"

我一再微笑问他:"何以见得?"

他说了许多言语,所举事例都是幸福的光鲜皮毛,虽然泛出柔顺光泽,却对真正的内核不曾触及。

真正的幸福内核是什么呢?

所谓幸福,各人有各人的体验和认知。

于我,不对生命怀有太多贪婪,不对时光抱有太多幻想,需求不多,索取不多,努力做心思单纯之人——能够从容地,洗手做羹汤,日日过着有丰盛食物的世俗生活。

如此,心满意足。

糖可以吃吗

什么时候,我心中对陌生人的警惕性一寸寸暴涨,设防的篱笆一尺尺狂长?

牵女儿的手逛在大街上,迎面缓步走来一个老头。他走到女儿面前,正欲擦肩而过时,突然伸出一只手:"小朋友,送你一块糖。"

女儿一愣,我也一愣。

老头将糖塞到女儿手里,低下头,和蔼地拍拍女儿的肩:"小朋友,你真可爱,你和妈妈长得真像。"

面对一位全然陌生的老人突然的陌生之举,错愕之间,我反应不及,只在嘴角绽出一丝笑容,看老头一眼,老头已点点头慢慢越过我们走远。

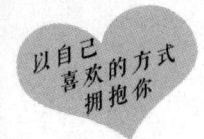

女儿右手捏一块泡泡糖,仰头问我:"妈妈,糖可以吃吗?"

糖可以吃吗?

不知道。

这一刻,我是真的不知道女儿是不是可以剥开这张浅白色印满童话人物图案的糖果纸,香香甜甜将糖嚼在嘴里,然后,吹几个泡泡,然后,仍牵着我的手嬉笑快乐平安无事。

不知什么时候开始,我已经难以遇到陌生人突然的友善之举。彼此陌生的两人之间交往,一切常常都按牌理出牌,问询、帮助、求援等等,转过身去,他或她长什么样都会马上忘记。

匆匆一瞥,老头七十开外,个不高,衣衫整洁,头发花白,脸上挂着浅浅的笑。那笑透着单纯、稚气、平和,还有,兴趣所至的些些许许顽皮。

这种"闲看花开花落,漫随天外云卷云舒"的淡定笑容,我在一些历尽风风雨雨坎坎坷坷后,已将人生看透的老人沟壑纵横的脸上常见。

凭直觉,老头应该是一个好人。

好人一般都具有菩萨心肠,不会无缘无故做坏事。可我为什么不对女儿说:"你吃糖吧,这糖大概很甜……"

几年前,还未为人母时,走在熙来攘往的大街上,遇着天真可爱的小女孩,穿美丽衣裳,系花花绿绿满头小辫子,大睁着清澈纯净的黑眼睛,小脸粉嘟嘟吹弹得破,我都不由自主满心欢喜,忍不住想往她脸上摸一把,忍不住想将日常的粗声大嗓掺进些蜜般的甜意,然后温温柔柔赞美她。

而现在，花朵含苞一样的孩子给我的感觉仍是万分美好：至真至纯，不染尘俗，他们让我想起青蛙王子和白雪公主等等奇妙童话，他们激发着我心灵深处最温柔的那种情感。

可我，为什么不能仅以感谢的心情，让女儿坦然接受陌生老头的小小赠予呢？

什么时候，我心中对陌生人的警惕性一寸寸暴涨，设防的篱笆一尺尺狂长？是看多了那些拐卖儿童的案件，抑或听多了那些迷药惑人的例子，还是"害人之心不可有，防人之心不可无"自古以来哲人都云的话语在作祟？

有一个成语叫"杯弓蛇影"，还有一个成语叫"草木皆兵"，如此这般行为的古人令我嘲笑，而今，我是不是该嘲笑自己？

思绪千回百转，心中"咯噔"不停。

阳光下，女儿仰着的小脸肌肤白嫩，轻敷一层薄薄金子一样的光芒。注视她，我突然想起刘再复曾写过的几句话：

"生命需要氛围，我喜欢生活在大自然的氛围中，也喜欢生活在书本的氛围中，尤其喜欢生活在孩子们天真的空气中……每个孩子都是家庭的太阳，他们的阳光能化解成年的朽气，正是这种朽气把人类引向无底的坟墓。"

成年的朽气不就是世故、狡黠、虚伪、投机、心怀叵测、机关算尽等等心机吗？

晚霞在西边燃烧如火，暮色即将降临，生命的帷幕即将缓缓合拢。回首一生，睿智的老人常常在孩子身上重新找到生命的最后意义，孩子如清晨一样新鲜的眼眸让老人重返天真境地，让老人逃离日日衰败

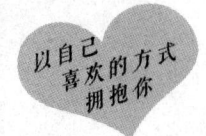

不可避免的宿命。

这样的暮年太美好，太令人赞叹。

陌生老头是不是智慧如许，他的赠糖之举应是一时童心兴起吧？

女儿又扯扯我的衣角，用娇嫩的声音再次问我："妈妈，糖可以吃吗？"

我俯身向她，抚摸她绵软的发，不禁哑然失笑，说："吃吧，这糖大概很甜。"

14岁的筑梦居

我明白，自己对自己负责的意思，不仅包含生活上的自我料理，还有路是自己走出来的、前途是握在自己手中的教导和叮咛。

初二下学期，父母终于同意我到五公里外的一所学校寄宿。

能够脱离父母的视线使我高兴之极。

背着书包跟在提着行李的父亲身后走，全不顾母亲拭着眼角的那只在风中伤心欲绝的手——女儿长大了，不再牵妈妈衣襟，不再环绕膝前，不再是妈妈手中的风筝，拉一拉线，就能够将之拉回手掌中。

妈妈的心空空落落。

新学校教学楼是新建二层砖房,教室明亮宽大,四壁雪白,黑板、桌椅油漆泛光。

只是,宿舍不新,临时搭盖的。

屋顶是茅草;地板是沙石,四堵墙由竹片作经作纬,一条一条错落拼成一片,两面刷上黄泥和烂草的混合浆。门就是竹门了,粗铁丝拧成环,一把小锁两环间一挂一锁。

其实,不用锁,竹门一掰,细细身子钻进钻出方便之极。

那时,青春初长的女生们没有太多胆怯心理,没有太多防范、自我保护意识,也不觉周围哪个角落潜着不安全因素。

住在竹棚里,屋外鸟鸣蝉噪蛙声不断。夜的脚步猫一样蹑手蹑脚,黑暗一层层由远逼近笼罩而来,并时不时听惊雷滚过天空,风撕屋顶茅草,雨打墙上黄泥——

但好像大家都不曾失声惊叫过,更没有躲进被窝蒙着头情不自禁作筛糠发抖状。

那时,日子很穷,每人一月几元钱,要填饱肚子,要买书、买本子、买零食,偶尔还要买一条美丽的花手绢。

每个女生都有一个印着父母单位某某纪念活动红色字样的大号牙缸,里面装满父母精心准备的小菜:或腌菜,或卤花生黄豆,或猪油熬黄酱。

这些牙缸里的容物让女生们胃口大开,双颊红润,身条像屋外小山坡的春笋似的日日拔节。

竹棚里的每个女生都不娇气,都很能干,都是从五六岁就开始烧饭、做菜、洗衣、拖地、带弟弟妹妹,料理自己的生活当然是小菜一碟。

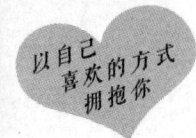

  大家齐心合力,将屋子收拾得干净整洁,再各显神通,把自己一张小小床布置得美轮美奂:被子叠成四方形、三角形、一朵花盛开形,床沿铺一条花头巾或花手绢,帐钩上扎两朵红绸花,内装只有一套换洗衣服的小木箱上开放一朵或一大束妖娆野花。

  每天熄灯铃响,躺在黑暗里,女生们仍是笑声不断话语声不断。

  正是做梦年龄,世界像一幅画卷缓缓展开,清澈的眼眸充满好奇。未来是什么呢?

  除了功课以外,没有像现在那么多的开放讯息围拢四周——没有电视、录像、电脑、手机,就连课外书也少得可怜。女生们单纯如一泓清水、如一张白纸,喋喋不休的课余话题有些简直是梦呓,女生们便把竹棚的宿舍称为"筑梦居"。

  "筑梦居"的名儿是谁起的,已经记不得,或是谁家有文学天才的父母的得意之作——傻乎乎的女生们连发生在自己身上的青春期生理变化都不了解,怎能想出如此美妙的字眼?但这不影响女生们憧憬未来并热情高涨。

  即使在一轮圆月贴在竹窗外,竹棚内明亮如昼,大家共叹好美的时候;

  即使在屋漏偏逢连绵雨,茅屋为秋风所破,大家手忙脚乱拿桶端碗接漏水的时候;

  即使在考试即临,功课如山压得气喘不均睡眠不足的时候——

  每天从来不曾缺少快乐、开心、兴奋的话题,只是,没有对爱情的憧憬和谈论。

  那时,女生们不懂爱情。

父母从小就教育我说，每人头顶一片天，自己要对自己负责。

父母忙碌为工作，为几文工资掰成多瓣养家育儿女，不可能像如今的父母心思细密，处处呵护、照顾、无微不至。

我明白，自己对自己负责的意思，不仅包含生活上的自我料理，还有路是自己走出来的、前途是握在自己手中的教导和叮咛。这份负责的思想，深入我简单的思维之中。

生活在"筑梦居"里，我们十几个叽叽喳喳的初二小女生，不知天多大地多广，不知未来世界会展露怎样的面目给我们看。

离开了父母的目光，我们自在地开始了自己承担自己的岁月，单纯、快活、独立，并对未来充满美好想象。

那时，我们14岁。

忽忽心未稳

生命的一些瞬间犹如烟花，被点燃，开放在空中，我们只记住绚丽光芒，耀眼、明亮，想起时身心愉悦。

相隔近三十年的时光流转，回望少年的日子，心情真真是陈师道的"去远即相忘，归近不可忍"。

大年初四上午，天气晴好，冬阳明亮得仿佛夏天，光线照在路上

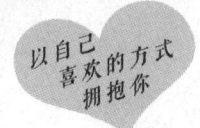

树上,好像熠熠生辉的金子。

走在安静的母校里,我指着四处景物给女儿看:

原来这有一栋楼,我们称"臭虫楼",我住宿在这。外婆为我买的第一件碎花的确良衬衫曾被小偷偷走,后来小偷被抓到,衣服又找回。

原来那有一栋楼,我白天上课在那,晚自习也在那。我的数学成绩尤其好,高一时考卷常被贴在楼梯口。高二时,数学老师常赶我出教室,因为,除了有一个男生成绩比我稍好一点点,我们考90分时,第三名常常只考40多分,老师便说,"你们两人玩去吧……"

说着说着,猛然住口。

那是多么遥远的陈年旧事,那时,我是什么模样,什么心情?

物是人非,这楼那楼已不在,在着的人,也不是当年青涩模样。

只有老师,还是当年模样,他在阳台上冲我招手。抬眼看见他,我立刻笑了。岁月风霜对少年的改变尤其大,对老师,力道却不足。

老师81岁了,精神矍铄,一如当年和蔼可亲。谈起我们这届学生,他如数家珍。

当年,我是老师钟爱的学生之一。老师儿子与我同班,那时,男女生不说话。中学毕业多年后,有一次遇见,老师儿子盯着我说:"我爸对你比对我好。"语气里,竟还有强烈的妒忌。

与老师话当年,师母忙前忙后端糖果、瓜子、倒茶、煮汤圆。

老师站起,走进书房,拿出一册粉红封面油印集递给我。

我一看是《朝花》,当年我们班的作文集。上面落款为"永安一中高二文科班语文兴趣小组",时间是"1980年5月"。

翻看着，我的心激烈跳动。那时的我，写下了怎样幼稚的文字？表达了怎样幼稚的思想？

薄薄一本册子，收有我四篇作文。那些方块字，端端正正刻在蜡纸上，油印后，整整齐齐装订成册，字迹如新。

老师说："每次作文课，你总是第一个交卷，我爱用文思泉涌四个字表扬你。"

老师说："哪天将你的这些作文复印一份给你。"

老师又说："你读大学时，刚工作时，写给我的所有信我都留着，有一天我会将原信送给你。"

突然，我惶恐起来。

一直以为一些岁月，走过便走过，记住是好，不记住也是好。谁知在老师这儿，以为彻底遗忘的一些人生路的细枝小叶，却是"蓦然回首，那人却在，灯火阑珊处。"

怎能不惊心呢！

生命的一些瞬间犹如烟花，被点燃，开放在空中，我们只记住绚丽光芒，耀眼，明亮，想起时身心愉悦。可还有许许多多经历，是看在别人眼里，记在别人心里，凡走过，必留痕迹。

"了知不是梦，忽忽心未稳。"面对老师的培养、教诲和期许，以后的人生路，我当更勤奋努力些，当走得更好些，才能无愧自己心，无愧他人眼。

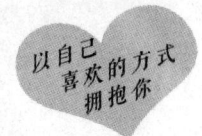

不能回头

经历愈多,失望愈多,最终,心意坚决时,所有时光,是再也不可能回头了。而不能回头的,又岂止如金的光阴!

内心不安稳,便没有写字的欲望和情绪。内心太安稳,也没有写字的目的和冲动。

此刻,窗外阳光明媚。

我刚写好一个"情感实录"故事,然后我摇摇头,将自己的情绪从别人悲喜交集的故事里拉回。

我走到窗前,看一会儿阳光。然后,进厨房烧水,为自己泡一盏茶——朋友送的好茶。

那朋友说:"写完文章,喝一盅茶,神清气爽。"

将小小陶瓷茶具仔细洗好。

往常泡茶,常常泡大杯,泡好端着放在电脑前。这刻,我以耐心加细心,以泡功夫茶的精致程序,为自己,泡了一盏。

茶香袅袅。热热入喉,有甘甜之感。

这几日,日子满满,内心满满。我为这样的时光发慌。

看着时钟急促行走,一年的第一个月又将消失。仿佛,眼睁睁地注视手中一滴水挥发掉，无踪无迹，再没存在的丝毫证明。

有朋友说，想做什么就做什么吧，想吃什么就吃什么吧，想什么也不做，就什么也不做吧。可是，我做不到如此率性。

前日，遇见一位相识很久但很少见面的熟人。

熟人玩摄影。他说："认不出你了。"

"大概，我刚烫了卷发。"

他说："人生从40岁开始，从现在起，要好好把握。"

他目光炯炯谈起许多计划和规划，让我觉得，进入从容和能够把握的四十不惑后，人的生活，该有一番别于40岁之前的景象。

再前几日，一位远方朋友来看我。仿佛，彼此昨天才见过，才畅快聊过。

坐在客厅里沙发上，我抱着靠枕，择最舒服姿势，看着他，问："上次见面，是几年前？"

我又笑问他："二十多年的友情，需要什么样的相知相惜作为底色？"

呵呵，光阴不能数，一数，就到少年时。那意气风发的年龄，那不识愁滋味的年龄，青葱得好像春芽，泛出油绿的光芒。

与这位朋友先是通信，一封一封写，不知疲倦似的，厚厚一叠的纸，密密写满年少心事。

然后，有了第一次见面机会。然后，几年一见，很久一个电话。见了，淡淡喜悦。电话来，亲人声音一样。

这样的友情，用什么方式说明呢？

这位朋友说："还能记得彼此的生日，就好。"

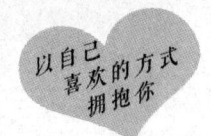

果真,二十多年,从没忘了彼此的生日。

二十多个生日,有的生日有礼物相赠,有的生日是电话祝贺,有的生日是短信道喜。这种不刻意的不忘,像记得自己一样。

再在前几日,与一帮朋友坐在咖啡屋里聊。

聊江湖上的事,聊情感与人生。灯光暧昧,咖啡醇香。都觉得,经历愈多,失望愈多,最终,心意坚决时,所有时光,是再也不可能回头了。

而不能回头的,又岂止如金的光阴!

那就,好好活吧。

没伤害就是有福

人生,过客呀,人活世上,没伤害就是有福。

七天长假,几乎足不出户。似乎眨眨眼,168个小时就无影无踪,再握不住。

都说人愈老,时间愈如梭。

回想小时候,掰着手指遥望长大时的成熟模样,那么迫切,那么渴盼。

如今,恨不能喝一声使光阴停留,好继续窝在被窝中,捧着唐诗宋词，幻入古典的"青箬笠，绿蓑衣，斜风细雨不须归"的唐人意境。

这种意境，我真喜欢。

这种意境，使我无法在长假闹哄哄外出——人挤人，走马观花著名景点，视野里有无数黑色、黄色、红色的后脑勺，挥之不去的"到此一游"。

这种意境，须常常是，夜深，人静，月疲，星倦，独自一人，或坐或躺于温暖屋内一盏灯下，深呼吸一阵，努力使白日嘈嘈杂杂的心灵渐渐明净后，才能进入。

而且，长假未至，我已经头疼咳嗽，浑身无力酸软。

初时，不以为意，吞一把感冒药，该洗手做羹汤时，就忙碌一阵，然后麻利从厨房端出大盘小碟。可几日后才发现，这次小恙异于往常，像绵延春雨，仿佛没有尽头。

如此，身体恹恹不适，影响心情，便给了自己好好修身养性懒懒散散度过假期的最好借口。

不出门与缤纷世界热闹相对相依，便与硬朗的书本清冷为朋为伴。

七天里，胡乱看了一些文字。

有西蒙·波伏娃的《第二性》，耶利内克的《啊，荒野》，张爱玲的四本文集，雷子人绘、王九楼著的《女人味》，蘅塘退士选编的《唐诗三百首》……

都是以往读了又读的。

这七日里，仍从书架上抽出一些书，叠在床头柜上，睡前随意拿一本，不再从头阅，而是翻到哪页就细读一段。

西蒙·波伏娃说："从女人被看成一个人时起，除非征得她同意，

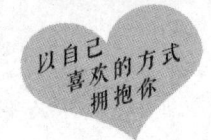

否则对她是不能征服的,而只能说服。"

耶利内克说:"带着兴奋的心情,她阅读着自己的故事,在里面有时候会出现真正用黄金镶边的一小堆东西。"

张爱玲说:"霓喜的故事,使我感动的是霓喜对于物质生活的单纯的爱,而这物质生活却需要随时下死劲去抓住。"

王九楼说:"女人生得美了,便容易引出偏见,这偏见来自于外界,也来自于其自身"……

呵呵,都是女人的琐碎生活,都是女人的细密心思,都是女人的如水情爱。

这些我喜欢的作家,用一双不动声色的智者的眼,一双冷静修长的哲人的手,将女人的一生,画卷一般一寸寸慢慢展开,用笔冷峻,用情至真,让我细细体会到了苍凉的意蕴,让我回味深长。

在别人的精彩故事里,可以观照自己的人生,从间接经验中,可以得到生活的直接觉悟,这是书本带来的益处。

开卷有益嘛,古人早这样说。

浮生偷得七日闲。七天长假,如此简单、如此慵懒、如此安宁。

最后一天傍晚,我搁下书,轻笑着给远方一位朋友发短信说:我是越来越心静如水,无大欲无大望了。

朋友回信说:人生,过客呀,人活世上,没伤害就是有福。

然后,我又进书房,翻出《大众药膳500例》,要实践"医食同源""药膳同功",为自己煲一锅清热解毒的美味汤。